服务中间投入、制度环境与企业绩效研究

Research on Service Intermediate Input,
Institutional Environment and Enterprises' Performance

成丽红◎著

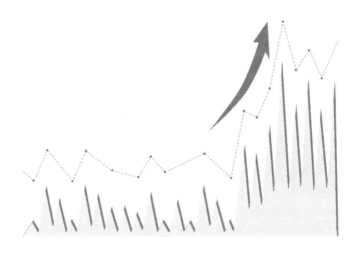

经济管理出版社
ECONOMY & MANAGEMENT PUBLISHING HOUSE

图书在版编目（CIP）数据

服务中间投入、制度环境与企业绩效研究/成丽红著. —北京：经济管理出版社，2021.7
ISBN 978 - 7 - 5096 - 8177 - 0

Ⅰ.①服…　Ⅱ.①成…　Ⅲ.①制造工业—服务经济—企业绩效—研究—中国
Ⅳ.①F426.4

中国版本图书馆 CIP 数据核字（2021）第 148878 号

组稿编辑：谢　妙
责任编辑：姜玉满　谢　妙
责任印制：黄章平
责任校对：董杉珊

出版发行：经济管理出版社
　　　　　（北京市海淀区北蜂窝 8 号中雅大厦 A 座 11 层　100038）
网　　址：www. E - mp. com. cn
电　　话：（010）51915602
印　　刷：唐山玺诚印务有限公司
经　　销：新华书店
开　　本：720mm × 1000mm/16
印　　张：12
字　　数：195 千字
版　　次：2021 年 10 月第 1 版　　2021 年 10 月第 1 次印刷
书　　号：ISBN 978 - 7 - 5096 - 8177 - 0
定　　价：58.00 元

前　言

经济全球化进程的不断加快和产业技术革命的日益深化，使制造业产业分工逐步细化，制造业的生产投入不断融入越来越多的服务业务，全球制造业呈现出制造业服务化的新趋势。制造业服务化与企业转型升级密切相关，并对企业的研发、设计、咨询、销售等价值链增值环节造成深远的影响。与此同时，企业的服务投入业务拓展不仅取决于自身的内在动力，也取决于外部制度环境。因此，有必要构建服务中间投入、制度环境与企业绩效的分析框架，明确我国制造业投入服务化水平，分析服务中间投入对企业绩效的影响，探究制度环境对服务中间投入与企业绩效之间关系的影响效应，以及制度环境对创新与服务业企业绩效关系的影响和内在机制，并寻求如何利用服务中间投入来提升企业绩效表现的可行路径。

鉴于此，本书在对相关文献进行系统梳理的基础上，严格遵循"问题凝练—事实描述—理论分析—实证检验—政策建议"的研究思路，同时采用模型构建和实证估计方法，基于全球价值链视角下我国制造业投入服务化与企业绩效表现的特征事实，从多角度综合检验了服务中间投入对企业出口国内增加值、价格加成、出口产品密度转换等绩效的影响，并将外部制度环境纳入分析框架，探讨制度环境对服务中间投入与企业绩效之间关系的影响，以及分析了基于服务投入国内外来源、不同服务要素投入和企业不同地区、贸易模式及所有制类型下的影响差异等，探索如何进一步推进制造业投入服务化、提高企业绩效的思路与对策。主要回答了以下问题：在全球"生产型制造"向"服务型制造"转型的趋势下，中国制造业投入服务化水平如何？中国制造业企业出口国内增加值和价格加成的表现如何？企业出口产品密度转换特征如何？制造业投入服务化水平如何影响企业出口国内增加值？对不同类型企业的影响是否存在差异性？服务中间投入影响企业出口国内增加值的传导渠道是什么？影响效应随外部制度环境的变化是否存在差异？服务中间投入水平是否影响了企业价格加成率和出口产品密度转换行为？这一影响在基于服务投入国内外来源、不同服务要素投入和企业不同地区、贸易模式及所有制类型下是否存在差异性？创新对中国服务业企业全要素生产率具有何种影响？制度环境对于这种影响效应的发挥是促进还是抑制？在服务业企业面临不同的制度环境背景下，这种影响效应是否存在差异？

本书首先基于世界投入产出数据库（WIOD）2016 年最新公布的 2000～2014 年 56 个部门的投入产出数据、2000～2010 年中国工业企业数据库和中国海关进出口数据库，测算了中国各制造行业的投入服务化程度，以及制造业企业的出口国内增加值率，系统分析制造业投入服务化对企业出口国内增加值的影响渠道和机制，并通过构建计量模型，实证检验制造业投入服务化对企业出口国内增加值的影响效应和传导渠道。研究发现，总体来看，中国制造业投入服务化与企业出口国内增加值之间呈 U 形关系，这主要是因为投入服务化对不同贸易类型企业的影响存在差异，其中对一般贸易企业出口国内增加值的影响显著为正，而对加工贸易和混合贸易企业出口国内增加值产生 U 形影响效应。基于企业异质性和服务要素投入异质性的检验发现，制造业投入服务化对企业出口国内增加值的影响，存在贸易类型、所在地区、技术水平、所有制及服务要素投入间的差异。影响机制检验发现，成本降低和技术创新是制造业投入服务化促进企业出口国内增加值提升的可能渠道。另外，市场化进程与服务业开放程度虽然整体上还未对制造业投入服务化与企业出口国内增加值之间的关系产生显著的影响效应，但在市场化进程较快和服务业开放程度较高的地区或行业，制造业企业投入服务化将显著促进企业出口国内增加值的提升。

制造业企业生产过程中投入的中间服务会影响企业定价和成本，从而对价格加成产生不可忽视的影响。为此，本书基于全球价值链视角下我国制造业投入服务化与企业价格加成率的特征事实，进一步考察了服务中间投入如何促进企业价格加成率的提升，以及对不同类型企业的差异性影响。上述研究发现，全球价值链视角下的制造业投入服务化促进了企业价格加成率的提升，通过识别服务投入国内外来源的检验发现，国内服务投入的增强将显著促进企业价格加成的提升，而国外服务投入对企业价格加成的影响显著为负。基于服务要素投入异质性的检验结果表明，运输服务投入、信息和通信服务投入，以及专业科学技术服务投入对企业价格加成的影响显著为正，而批发零售服务投入和金融保险服务投入的影响均不显著。区分不同技术水平、不同地区、不同所有制类型，以及企业是否出口时，发现制造业投入服务化对企业价格加成率的影响具有明显异质性。通过构建中介效应模型检验制造业投入服务化对企业价格加成的影响机制，发现成本降低和技术创新是制造业投入服务化提高企业价格加成的可能渠道。

企业出口多种产品是对外贸易领域的一种常态，企业内产品转换行为是实现资源优化配置的方式，且对贸易结构、贸易增长和贸易利得都有着重要影响。针对多产品企业的产品转换行为，本书以2000～2010年中国工业企业数据库和中国海关进出口数据库合并匹配的制造业出口企业为研究样本，测算了企业出口产品的要素密度转换情况，识别了制造业投入服务化对企业出口产品的要素密度转换的影响效应，并进一步考察了企业出口产品的要素密度转换对企业出口国内增加值率和企业价格加成的影响，以及聚焦于中国各地区和行业的制度环境，探讨制度环境对制造业投入服务化与企业出口产品密度转换之间关系的调节效应。研究发现，制造业投入服务化促进了企业出口产品密度的变动，且更显著地促进了企业出口要素密度更高的产品。服务中间投入对企业出口产品密度转换的影响存在差异性，依赖于服务要素投入种类、服务投入国内外来源、企业贸易类型、所在地区、所有制类型等。出口产品要素密度发生转换及出口产品要素密度的上升，有助于企业价格加成水平的提高。企业出口产品密度种类发生转换及各类变动，对企业出口国内增加值率的影响都显著为正。此外，通过纳入外部制度环境的调节效应检验，发现市场化程度和服务业开放程度对制造业投入服务化与企业出口产品要素密度上升的关系具有正向调节效应。

最后，基于中国转型经济下的制度环境背景，本书进一步根据世界银行2002年、2003年及2012年发布的中国服务业企业问卷调查数据，从微观层面探讨经济转轨过程中创新对服务业企业全要素生产率（TFP）的影响效应，以及制度环境因素在两者关系中起何种作用。研究发现，创新会带动企业TFP的显著提升，这与我国提出的"创新驱动"发展战略相一致。进一步地，考虑到转轨经济背景下中国服务业企业外部制度环境的差异性，考察了制度环境对创新与企业 TFP 关系的影响，发现制度环境对服务企业创新所带来 TFP 的提升具有一定调节效应，良好的制度环境强化了创新对服务企业 TFP 的促进作用。其中，政府干预程度、企业非正常支付和融资约束对创新与企业 TFP 的关系产生负向调节效应，而法制环境、服务业开放程度对创新与企业 TFP 的关系具有正向调节效应。此外，制度环境对服务业企业创新与 TFP 的关系存在门槛效应，当制度环境高于门槛值时，创新会明显促进企业 TFP 的提高；而当制度环境低于门槛值时，创新对服务业企业 TFP 的促进作用明显减弱，甚至会起到抑制作用。

目　录

第一章　绪论

第一节　选题背景及意义

一、选题背景

随着国际分工的日益深化和产业技术革命的不断发展，新技术、新产业、新业态不断涌现，传统的三次产业之间的界限日渐模糊，越来越多的制造企业围绕产品生命周期的各个环节，不断融入能够带来市场价值的增值服务，实现从传统的提供制造业产品，向提供融入了大量服务要素的产品服务系统的转变（安筱鹏，2012）。全球制造业呈现出制造业服务化，即从"生产型制造"向"服务型制造"转型的趋势。2016年7月，工业和信息化部等三部门联合发布的《发展服务型制造专项行动指南》，明确指出"制造业企业通过创新优化生产组织形式、运营管理方式和商业发展模式，不断增加服务要素在投入和产出中的比重，从以加工组装为主向'制造＋服务'转型，从单纯出售产品向出售'产品＋服务'转变，有利于延伸和提升价值链，提高全要素生产率、产品附加值和市场占有率"，并提出"发展服务型制造，是增强产业竞争力、推动制造业由大变强的必然要求，是顺应新一轮科技革命和产业变革的主动选择，是有效改善供给体系、适应消费结构升级的重要举措"。

改革开放 40 多年以来，我国逐步形成了全方位、多层次、宽领域的对外开放格局和具有中国特色的开放型经济体系，我国对外贸易在顺应经济全球化中也获得了快速发展。然而，当前面临全球经济格局深刻调整和我国经济发展进入新常态，对外贸易转型升级的任务紧迫而艰巨。2016 年初，在省部级主要领导干部学习贯彻党的十八届五中全会精神专题研讨班上，习近平总书记指出"推进供给侧结构性改革，要从生产端入手，重点是促进产能过剩有效化解，促进产业优化重组，降低企业成本，发展战略性新兴产业和现代服务业，增加公共产品和服务供给，提高供给结构对需求变化的适应性和灵活性"；并进一步指明"供给侧管理，重在解决结构性问题，注重激发经济增长动力，主要通过优化要素配置和调整生产结构来提高供给体系的质量和效率，进而推动经济增长"。随后，2017年商务部印发的《对外贸易发展"十三五"规划》，在发展理念与目标方面，强调在外贸稳增长的同时，更加注重调结构，从外贸供给侧结构性改革发力，提高外贸持续发展新动能。在全球价值链分工背景下，制造业企业出口中的国内增加值已成为判断企业参与国际贸易真实利得的重要标准。就现实情况而言，一方面，中国制造企业在参与全球竞争中需要围绕研发设计、加工制造、维护支持等多个环节，不断融入服务要素和内容，抢占价值链的高端环节；另一方面，中国企业大部分仍处于加工组装环节，造成对生产服务的需求大多停留在低端服务领域，且代表现代服务业发展趋势的生产性服务业相对滞后，对制造业的渗透力和支撑作用还很有限（夏杰长，2015），导致企业实际出口中的国内增加值较低。

与此同时，制造业企业的服务投入业务拓展不仅取决于自身的内在动力，也取决于外部制度环境。由于企业异质性和外部制度环境差异，企业所拥有的无形和有形资源将决定其投入产出效率，以及掌控对应价值链环节的能力（顾乃华，2010）。与制造业相比，服务业对制度环境的依赖性更强、要求更高。当前我国处于经济增速换挡、产业转型升级攻坚时期，国内各地区各行业及企业所面临外部制度环境存在显著差异。此外，随着现代服务业发展方式从投资驱动向创新驱动转变，核心竞争从物质资源配置转向创新要素的集聚与创新效率，创新对服务企业生产效率的作用更是日益凸显。然而，理性企业会根据经济环境来权衡各种经济活动的收益与成本，选择自身利益最大化的活动作为对现有制度环境的一种回应（李后建，2014），而服务业又具有典型的制度密集型特征，制度环境的差异可能会影响服务业企业创新对生产率作用的效果。2015 年，中共中央 国务院出台的《关于深化体制机制改革加快实施创新驱动发展战略的若干意见》，进一步系统全面地阐述了创新驱动战略实施所需要的环境营造与制度改革。为此，构建服务中间投入、制度环境与企业绩效的分析框架，明确我国制造业投入服务化水平，分析服务中间投入对企业绩效的影响，探究制度环境对服务中间投入与企业绩效之间关系的影响效应，以及制度环境对创新与服务业企业绩效关系的影响和内在机制，并寻求如何利用服务中间投入来提升企业绩效表现的可行路径，对于中国发展服务型制造和提升企业竞争优势具有重要意义。

二、选题意义

本书在异质性贸易理论与全球价值链理论的框架之下，就服务中间投入如何影响企业绩效及其内在机制展开系统分析，其理论创新意义和实际应用价值主要表现为：

（1）在理论层面上，一方面，本书基于我国制造业投入服务化与企业绩效的特征事实，结合新新贸易理论、全球价值链理论、产业组织理论以及制度理论等，系统分析制造业投入服务化对企业绩效的影响渠道和机制，以及将外部制度环境纳入分析框架，对制度环境影响服务中间投入与企业绩效之间关系的内部基础及动力机制进行理论分析和探讨。并以现有理论与现实问题之间的缺口为切入点和突破口，力求深入分析和探讨进一步推进制造业投入服务化、提高企业绩效的思路与对策，剖析问题形成的深层次原因，并为合理制定相应的战略措施提供坚实的理论支撑。另一方面，在技术创新理论、新新贸易理论、经济增长理论与制度理论等框架之下，建立基本数理模型，提出本书的研究假设，深入探讨制度环境、创新影响服务业企业全要素生产率的作用机制，更深入地揭示了创新驱动战略下制度环境与服务业企业绩效的关系，丰富了决定服务业企业绩效的相关理论机制。

（2）在实际应用层面上，本书分析了中国制造业投入服务化与企业绩效的特征事实，将服务中间投入作为企业绩效的影响因素纳入计量回归模型，剖析了服务中间投入对企业出口国内增加值、价格加成、出口产品要素密度转换等绩效表现的影响，尝试从服务中间投入的角度解释了企业绩效表现的差异。并将外部制度环境纳入分析框架，探讨制度环境对服务中间投入与企业绩效之间关系的影响，以及分析了基于服务投入国内外来源、不同服务要素投入和企业不同地区、贸易模式及所有制类型下的影响差异等。与此同时，基于中国转型经济下独特的制度环境背景，通过实证研究考察了外部制度环境、创新对服务业企业全要素生产率的影响效应。立足于"十四五"时期新的历史起点与新的国际国内经济环境，上述研究可以为经济新常态下有效发展服务型制造、提升企业竞争优势提供重要启示，并为实现我国制造业和服务业持续健康发展提供有益的决策依据和政策参考。

第二节　研究思路、内容框架及研究方法

一、研究思路

本书旨在探讨服务中间投入、制度环境对企业绩效的影响，结合当前产业分工的不断深化细化、全球制造业服务化转型等现象，重点解决以下问题：在全球"生产型制造"向"服务型制造"转型的趋势下，中国制造业投入服务化水平如何？中国制造业企业出口国内增加值和价格加成的表现如何？企业出口产品密度转换特征如何？制造业投入服务化水平如何影响企业出口国内增加值？对不同类型企业的影响是否存在差异性？服务中间投入影响企业出口国内增加值的传导渠道是什么？影响效应随外部制度环境的变化是否存在差异？服务中间投入水平是否影响了企业价格加成率和出口产品密度转换行为？这一影响在基于服务投入国内外来源、不同服务要素投入和企业不同地区、贸易模式及所有制类型下是否存在差异性？创新对中国服务业企业全要素生产率具有何种影响？制度环境对于这种影响效应的发挥是促进还是抑制？在服务业企业面临不同的制度环境背景下，这种影响效应是否存在差异？

基于以上问题，本书在对相关文献进行系统梳理的基础上，首先，基于制造业投入服务化和企业出口国内增加值率的测度指标，定量分析我国制造业投入服

务化程度和制造业企业的出口国内增加值率，系统分析制造业投入服务化对企业出口国内增加值的影响渠道和机制，并通过构建计量模型，实证检验制造业投入服务化对企业出口国内增加值的影响效应和传导渠道。其次，基于全球价值链视角下我国制造业投入服务化与企业价格加成率的特征事实，进一步考察了服务中间投入如何促进了企业价格加成率的提升，以及对不同类型企业的差异性影响。再次，针对多产品企业的产品转换行为，识别了制造业投入服务化对企业出口产品的要素密度转换的影响效应，并进一步考察了企业出口产品的要素密度转换对企业出口国内增加值率和企业价格加成的影响，以及聚焦于中国各地区和行业的制度环境，探讨制度环境对制造业投入服务化与企业出口产品密度转换之间关系的调节效应。最后，基于中国转型经济下独特的制度环境背景，考察了服务业企业外部制度环境、创新对企业全要素生产率的影响。本书严格遵循"问题凝练—事实描述—理论分析—实证检验—政策建议"的研究思路，同时采用模型构建和实证估计方法，从多角度综合检验了服务中间投入、制度环境对企业出口国内增加值、价格加成、出口产品密度转换等绩效的影响，探索如何进一步推进制造业投入服务化、提高企业绩效的思路与对策。图1-1展示了本书研究的技术路线图。

二、研究内容

根据以上研究思路及重点解决问题，本书共分为八章。其中，第一章为绪论；第二章是国内外相关研究进展与评述；第三章是制造业投入服务化与企业绩效的现状分析；第四章为制造业投入服务化对企业出口国内增加值的影响研究；第五章是制造业投入服务化对企业价格加成的影响研究；第六章为制造业投入服务化、出口产品密度转换与企业绩效；第七章是制度环境、创新与异质性服务业企业TFP；最后是结论与政策启示，具体安排如下：

第一章绪论。主要介绍了本书的选题背景和意义，详细说明了本书的研究思路、内容框架和研究方法，并提出本书的创新点。

第二章国内外相关研究进展与评述。通过对现有文献资料的广泛收集和阅读，从制造业服务化相关研究、企业绩效衡量研究、制造业服务化对企业绩效的影响研究和制度环境对企业绩效的影响四个方面详细总结了当前关于服务中间投

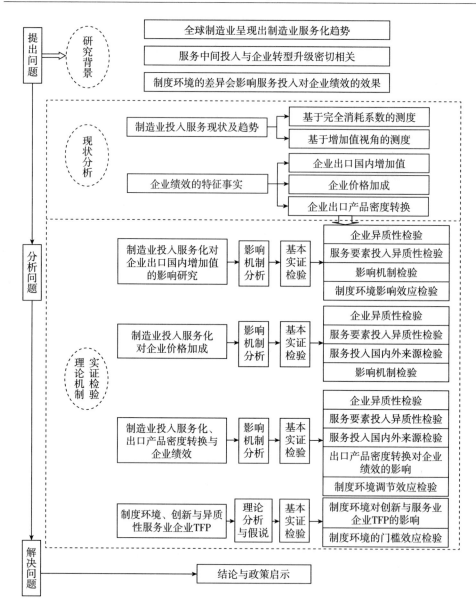

图1-1 本书研究的技术路线

入、制度环境与企业绩效的相关文献，并在充分借鉴和吸收其有益部分的基础上，从研究内容、研究视角、影响机制等方面比较分析了现有研究的不足，据此综合提出研究评述。

第三章制造业投入服务化与企业绩效的现状分析。借鉴目前学术界较为常用和比较规范的方法，使用 WIOD（2016）最新公布的 2000～2014 年 56 个部门的投入产出数据，分别采用完全消耗系数及制造业出口内含的服务投入增值率来测度中国制造业投入服务化，并对服务投入水平进行国内外分解，考察其历史演变趋势及其特征。此外，利用中国工业企业数据库和中国海关进出口数据库，综合利用企业出口国内增加值、价格加成率、企业出口产品密度转换等多种指标反映企业绩效，从多个角度考察企业绩效表现的特征事实。

　　第四章制造业投入服务化对企业出口国内增加值的影响研究。重点解决以下问题：制造业投入服务化水平如何影响了企业出口国内增加值？对不同类型企业的影响是否存在差异性？服务中间投入影响企业出口国内增加值的传导渠道是什么？影响效应随外部制度环境的变化是否存在差异？为此，本章基于 WIOD（2016）最新公布的 2000～2014 年 56 个部门的投入产出数据、2000～2010 年中国工业企业数据库和中国海关进出口数据库，测算了中国各制造行业的投入服务化程度，以及制造业企业的出口国内增加值率，实证检验了制造业投入服务化对企业出口国内附加值的影响效应及作用机制，并将外部制度环境与服务中间投入纳入统一的分析框架，探究制度环境对制造业投入服务化与企业出口国内增加值之间关系的影响。

　　第五章制造业投入服务化对企业价格加成的影响研究。重点解决以下问题：服务中间投入水平是否影响了企业价格加成率？这一影响在基于服务投入国内外来源、不同服务要素投入和企业不同地区、贸易模式及所有制类型下是否存在差异性？制造业投入服务化影响企业价格加成率的作用机制有哪些？为此，本章基于中国制造业出口内含的服务投入增值率与企业价格加成率的特征事实，实证检验全球价值链视角下的制造业投入服务化对企业价格加成的影响，围绕企业贸易模式、所有制类型、所在地区等检验了其异质性影响，并利用中介效应模型检验了可能存在的传导渠道。

　　第六章制造业投入服务化、出口产品密度转换与企业绩效。重点解决以下问题：作为供给侧结构性改革的重要内容，制造业投入服务化是否会对企业出口产品的要素密度变动产生影响？这一影响在基于服务投入国内外来源、不同服务要素投入和企业不同地区、贸易模式及所有制类型下的影响是否存在差异性？这一影响效应随外部制度环境的变化是否存在差异？企业出口产品的要素密度转换行为会对企业绩效产生怎样的影响？为此，本章基于 2000～2010 年中国工业企业数据库、中国海关进出口数据库和世界投入产出数据库，对我国制造业投入服务化水平及企业出口产品的要素密度转换行为进行细致的特征描述，分析了制造业投入服务化对企业出口产品的要素密度变动的影响，并进一步深入探讨了制度环境对这一影响可能的调节效应，以及企业出口产品密度转换行为的经济效应。

第七章制度环境、创新与异质性服务业企业 TFP。重点解决以下问题：创新对中国服务业企业全要素生产率具有何种影响？制度环境对于这种影响效应的发挥是促进还是抑制？在服务业企业面临不同的制度环境背景下，这种影响效应是否存在差异？为此，本章基于世界银行 2002 年和 2003 年及 2012 年发布的中国服务业企业问卷调查数据，从微观层面探讨经济转轨过程中创新对服务业企业 TFP 的影响效应，考虑到转轨经济背景下中国服务业企业外部制度环境的差异性，进一步考察了制度环境对创新与企业 TFP 关系的影响，且关于制度环境的衡量，综合考虑了企业个体对环境变化的认知和实际环境本身，既采用主观的服务业企业家个体感知指标进行度量，又用客观的市场化进程指数进行稳健性检验。

第八章是结论与政策启示，为全书主要研究结论的总结，并基于本书的研究结论给出相应的政策建议。

三、研究方法

本书主要运用了如下研究方法：

（1）指标构建法。考虑到数据的可得性和衡量内容的全面性，为更科学、准确地测度我国制造业投入服务化程度，本书借鉴目前学术界较为常用和比较规范的方法，使用 WIOD（2016）最新公布的 2000～2014 年 56 个部门的投入产出数据，采用完全消耗系数（刘斌等，2016；许和连等，2017），以及制造业出口内涵的服务投入增值率（戴翔，2016）来测度中国制造业投入服务化，并对服务投入水平进行国内外分解，考察其历史演变趋势及其特征。借鉴 Upward 等（2013）、张杰等（2013）的方法，利用中国工业企业数据库和中国海关进出口数据库，分别测算一般贸易、加工贸易和混合贸易企业出口国内增加值率。进一步地，根据 De Loecker 和 Warzynski（2012）的方法测算企业微观层面的价格加成，并借鉴钱学锋和王备（2017）的方法，按照产品的要素密度分类方法，对企业出口产品要素密度转换行为进行界定。此外，根据服务业企业创新所具有的"显性"与"隐性"特点，构建了创新产出密度和创新产出倾向指标。对于服务业企业的外部制度环境，综合考虑了企业个体对环境变化的认知和实际环境本身，既采用主观的服务业企业家个体感知指标进行度量，又用客观的市场化进程指数进行稳健性检验。

（2）理论分析与实证检验相结合。本书结合新新贸易理论、全球价值链理论、产业组织理论、技术创新理论以及制度理论等，系统分析制造业投入服务化对企业绩效的影响渠道和机制，深入探讨制度环境、创新影响服务业企业全要素生产率的作用机制，以及将外部制度环境纳入分析框架，对制度环境影响服务中间投入与企业绩效之间关系的内部基础及动力机制进行理论分析和探讨。在此基础上，利用较为前沿的方法测算了目前新新贸易理论研究所重点关注的企业出口国内增加值、企业价格加成、企业出口产品密度转换等绩效指标，实证检验本书提出的理论假设。并综合利用工具变量法、Tobit 估计、动态面板估计、改变核心变量测算等方法减少或避免实证估计中可能的内生性问题，同时分样本讨论服务中间投入对不同类型企业绩效影响的异质性，并构建中介效应模型检验理论分析所提出的可能传导渠道，以及实证检验制度环境对服务中间投入与企业绩效关系的调节效应。此外，基于中国转型经济下独特的制度环境背景，通过实证研究考察了外部制度环境、创新对服务业企业全要素生产率的具体影响效应。

（3）比较研究法。在对制造业投入服务化程度的测度问题上，基于世界投入产出数据库，通过采用完全消耗系数和制造业出口内涵的服务投入增值率两种不同的测算方法，比较不同测算方法下制造业服务中间投入的变化规律的差异，从而准确把握我国制造业投入服务化的新特征及新趋势。在经验研究部分，基于企业贸易类型、所在地区、技术水平、所有制类型等对全样本进行分组，进而考察制造业投入服务化对企业绩效水平的异质性影响。根据服务中间投入的差异，对比分析了批发零售投入服务化、运输投入服务化、信息和通信投入服务化、金融保险投入服务化、专业科学技术投入服务化五个不同类别服务要素投入对企业绩效的影响差异。且对比分析了国内和国外两种不同来源的服务投入对企业价格加成率和出口产品要素密度转换的影响差异。此外，考虑到服务业企业的异质性，不同服务领域的企业对制度的要求侧重不同，根据行业性质对比分析了对于知识密集型服务业企业和非知识密集型服务业企业不同的研究样本下，制度环境、创新对企业全要素生产率的影响差异。

第三节　本书创新点

本书的创新点主要体现在以下五个方面：

第一，制造业投入服务化系数首次使用 WIOD（2016）最新公布的 2000～2014 年 56 个部门的投入产出数据测算的完全消耗系数。且考虑到全球价值链生产和分工背景下，制造业投入服务化可视为制造业内含服务价值，本书进一步采用中国制造业出口内涵的服务投入增值率，来衡量全球价值链视角下的制造业投入服务化水平，并对服务投入水平进行国内外分解。

第二，从多个角度考察企业绩效表现。综合利用企业出口国内增加值、价格加成率、企业出口产品密度转换等多种指标反映企业绩效。企业出口中的国内增加值率（DVAR）借鉴 Upward 等（2013）、张杰等（2013）的方法，利用 2000～2010 年中国工业企业数据库和中国海关数据库匹配的微观测算方法。根据 De Loecker 和 Warzynski（2012）的方法，利用 2000～2007 年中国工业企业数据库测算企业微观层面的价格加成，更有助于为研究提供翔实可靠的数据支持。另外，基于产品的要素密度分类方法，细致刻画了我国制造业企业出口产品的要素密度转换的行为特征，弥补了现有文献对我国制造业企业出口产品的要素密度转换行为进行科学界定与详细刻画的不足。

第三，率先从微观层面探讨了制造业投入服务化对企业出口国内增加值、价格加成率、企业出口产品密度转换等绩效表现的影响，弥补了现有研究停留在国家或产业层面视角的局限。另外，基于贸易类型、所在地区、技术水平、所有制类型，以及服务投入国内外来源和服务投入结构等，本书甄别了制造业投入服务化对企业绩效的异质性影响，丰富了相关领域的研究范畴，并通过构建中介模型进一步探讨了制造业的服务中间投入影响企业绩效的路径，加深了对服务中间投入与企业绩效表现之间关系的认识。

第四，将作为外部制度环境的市场化进程和服务业开放程度，与制造业投入服务化纳入统一的分析框架。相比现有相关研究大多忽略了国内制度因素的作用，本书基于我国各地区市场化进程以及各行业服务业开放程度存在显著差异这一现实，系统考察了外部制度环境与制造业投入服务化在影响企业出口国内增加值、价格加成率、出口产品密度转换等绩效表现的互动关系，该发现对于如何有效发展服务型制造、提升企业竞争优势具有重要的政策含义。

第五，基于世界银行对中国服务业企业开展的统计调查，以 2002 年和 2003 年合并后，以及 2012 年世界银行两个阶段的问卷调查数据作为研究样本，聚焦于服务业企业的外部制度环境，探讨在经济转轨过程中服务业企业的创新与 TFP 的关系如何，以及制度环境因素在两者关系中起何种作用。而且在制度环境衡量方面，综合考虑了企业个体对环境变化的认知和实际环境本身，基于中国市场化改革的制度背景，既采用主观的服务业企业家个体感知指标进行度量，又用客观的市场化进程指数进行稳健性检验。此外，本书采用 LP 和 HTFP 方法来计算服务业企业的全要素生产率，而不是局限于人均产出来衡量。进一步地，考虑到服务企业的异质性，探究了制度环境对于不同行业服务企业创新效率调节作用的差异性。

第二章 国内外相关研究进展与评述

随着经济全球化进程的不断加快和产业技术革命的日益深化，制造业产业分工逐步细化，制造业的生产投入不断融入越来越多的服务业务，全球制造业呈现出制造业服务化的新趋势。国内外学者关于服务与制造的关系进行了广泛的研究，本章结合国内外学者的最新相关成果，主要从四个方面系统梳理相关研究进展：一是制造业服务化相关研究探究，主要集中在制造业服务化的概念与定量测算、制造业服务化的影响因素及经济效应方面的概述；二是企业绩效衡量的研究概述，主要梳理了关于企业绩效衡量的相关文献；三是制造业服务化对企业绩效的影响研究；四是制度环境对企业绩效影响的相关研究，分别基于制造业和服务业两方面对现有文献进行概述。本章将对上述国内外文献进行系统梳理，并在此基础上进行文献述评。

第一节 制造业服务化研究概述

一、制造业服务化的概念及定量测度研究

制造业服务化这一概念最早是由 Vandermerwe 和 Rada（1988）提出，他们认为制造业经历了从提供物品或服务、提供物品和附加服务到提供物品、服务、支持、知识和自我服务模式的转变。随后，White 等（2002）、Reiskin 等（2000）

进一步将制造业服务化定义为，制造商的角色从物品提供者向服务提供者转变，或者说企业从以生产产品为中心向以提供服务为中心的转变。Fishbein 等（2000）指出制造业服务化是出售产品的功能或者服务，而不是出售产品本身。Makower（2001）从产权归属方面，认为制造业服务化是制造业企业从转让产品所有权向出售产品的功能或服务转变。Szalavetz（2003）认为制造业服务化包括两层含义：一是与生产过程相关的内部服务效率对制造业竞争力的影响作用越来越显著，制造业生产过程中服务中间投入的地位逐步提升；二是与产品相关的外部服务的复杂度和重要性不断增强，制造业的产出中服务型产品所占比重不断上升。Vargo 和 Lusch（2008）将制造业服务化定义为制造型企业由传统的"商品主导逻辑"向"服务主导逻辑"的转变。还有一些学者认为，制造业服务化是制造业企业为了满足顾客需求，开发出更多、更好的服务来提供产品相关服务或整体解决方案，进而帮助企业获取竞争优势和提升企业绩效（Ren and Gregory，2007；Visnjic and Van，2009）。

关于制造业服务化的概念，国内学者蔺雷和吴贵生（2006，2008）指出，制造业服务化是由提供产品为主向提供高附加值服务为主的转型，当代制造已越来越多地融合服务要素，服务差异化是制造企业差异化竞争的重要手段。孙林岩等（2007）提出了服务型制造的概念，指出服务型制造是制造与服务相融合的新产业形态，是为了实现制造价值链中各利益相关者的价值增值，通过产品和服务的融合、客户全程参与、企业相互提供生产性服务和服务性生产，实现分散化制造资源的整合和核心竞争力的高度协同，达到高效创新的一种制造模式，是基于制造的服务，是为服务的制造。刘继国（2009）接受了国外学者关于制造业服务化从两个维度理解的概念，认为制造业服务化可分为投入服务化和产出服务化。周大鹏（2010）的研究从微观、中观、宏观三个层面对制造业服务化进行定义，指出微观层面，制造业服务化是企业实现产出差异化、满足市场需求、赢得市场竞争的经营策略；中观层面，制造业服务化是制造业向价值链两端延伸，实现产业转型升级的战略；宏观层面，制造业服务化是知识经济发展到一定阶段的产物，是经济增长的新趋势。简兆权和伍卓深（2011）认为，制造业服务化是一种"产品+服务"的创新模式，通过对价值链上的活动整合和延伸的流程创新。黄群慧和贺俊（2013）提出制造业服务化有两种不同维度的界定：一种是从投入产出的角度将其分为"作为制造业投入的服务化"和"作为制造业产出的服务化"，其中，制造业投入服务化是指产品制造过程中所需要的研发设计、战略咨询、法律、金融、营销等服务性要素在制造业的全部投入中所占比重增加，成为企业竞争力的关键来源，而制造业产出服务化是指围绕实物产品衍生出越来越多的附加服务，且服务的内容和质量成为决定消费者购买决策的主要因素；另一种是从制造业服务化的场所或交易关系的角度，将其分为"企业内部的制造业服务化"和"企业外部的制造业服务化"，其中内部的制造业服务化主要表现为企业内部服务职能的强化，而外部的制造业服务化表现为独立的生产性服务业的发展。安筱鹏（2012）认为，制造业服务化是制造业适应新的竞争环境，通过增强产业链各环节的服务功能，实现企业竞争优势的重要途径。20世纪后期以来，关于制造业服务化转型，学者提出了一系列新概念，但其共同点都在于在有形产品上提供了更多的服务，以"产品＋服务"的方式提供满足消费者需求的解决方案。

关于对制造业服务化的定量测度方面，目前学者们主要根据制造业投入服务化和产出服务化的情况来进行衡量。其中，关于制造业投入服务化的测度指标，目前学术界较为常用和比较规范的方法主要聚焦于四个层面：

一是基于省际或城市层面的生产性服务业发展水平展开的。代表性文献有江静等（2007）利用生产性服务业的就业人员占比来衡量，类似的研究有顾乃华（2010）、李敬子等（2015）。程大中（2008）测算了中国各年及各省市的服务业增加值比重、服务业就业比重、服务消费支出比重和服务进出口比重，研究发现，对于中国总体和大多数省区市，以服务业名义增加值、服务业就业和服务消费支出衡量的经济服务化趋势显著提高，以实际增加值衡量的经济服务化未发生明显变化，而以服务进出口比重衡量的经济服务化表现出"逆服务化"倾向。王恕立等（2015）通过将环境因素纳入生产率研究体系，测算和评估了中国2000～2012年31个省份和2004～2012年服务业细分行业的服务业全要素生产率的变动情况。

二是将服务要素加入生产函数中，通过估计生产函数，分析服务投入对制造业产出的影响。如Banga和Goldar（2007）基于C－D生产函数的改进形式，将自变量由资本和劳动扩大到能源、原材料和服务，从而通过估计生产函数得到服务投入对制造业产出的影响。

三是基于国家和行业层面的投入产出分析，主要通过计算服务在制造业的中间投入中所占比重进行衡量。如李美云（2007）利用 OECD 按照国际标准行业分类调整后的各国投入产出表，将制造业中的服务业投入额在其总产出中的比重作为制造业投入服务化水平的衡量指标，类似的研究还有李善同等（2008）。杨玲（2015）在 Park（1994）、刘继国和赵一婷（2006）、魏作磊和李丹芝（2012）测度方法的基础上，构建中间消耗系数和依赖度，测算了 OECD 国家 19 个制造部门的制造业服务化率。刘斌等（2016）运用投入产出法中的完全消耗系数作为制造业投入服务化的衡量指标，对中国各制造行业的投入服务化水平进行测度，类似的研究还有 Gunter 等（2010）、顾乃华和夏杰长（2010）、黄群慧和霍景东（2014）、许和连等（2017）、周念利等（2017）。此外，随着全球价值链理论及其定量研究的快速发展，部分学者运用贸易增加值核算方法来定量测算全球价值链视角下的制造业服务化水平。如戴翔（2016）从全球价值链出发，利用 WIOD 数据库从总体和分行业两个层面，测算了 1995～2011 年中国制造业出口内含的服务增加值总量、国内服务增加值及国外服务增加值，并通过出口内涵服务增加值率来考察各制造部门的服务投入率及其变动情况。彭水军等（2017）基于多区域投入产出（MRIO）模型和结构分解分析（SDA）方法，利用 OECD - ICIO 区分加工贸易的数据，测算了中国制造业出口中的服务增加值及其动态变化。类似的研究有程大中（2015）、刘维林（2015）、吴永亮和王恕立（2018）等。

四是基于微观企业层面，利用企业的服务投入情况或服务业务收入占比来衡量。如蔺雷和吴贵生（2007）运用企业投入服务资源的数量来衡量制造企业服务化投入水平。Neely（2008）、徐振鑫等（2016）采用企业的服务业务收入占总收入的比重作为制造业投入服务化水平的替代变量。肖挺（2018）通过企业的"其他业务收入"，将其中一些杂项收入剔除后的值作为服务型业务收入，并以该项数值与企业产品销售额的比值来衡量企业服务化程度。还有部分学者依托问卷调查方式，获得关于制造企业服务投入的相关数据（刘继国，2008；姜铸等，2014）。

关于制造业产出服务化的测度，近年来国内外学者侧重于从制造业企业为消费者所提供服务的广度和深度两个角度展开研究。如 Bowen 等（1989）的研究认为，通过考察与制造业企业的产品相关的服务活动的数量、类型以及质量，可以对企业的服务活动进行衡量。Homburg 等（2002）在 Bowen 等（1989）的基础上提出了"服务化战略导向"，并从提供服务的数量、强度和宽度三个维度研究制造业产出服务化水平。蔺雷和吴贵生（2007）借鉴"服务战略管理范式"的理论框架，通过服务产出的质量来判断产出服务化情况。Neely（2008）对制造业企业所提供的服务活动的种类进行了划分，并通过测算企业提供服务种类的数量分析制造业的产出服务化情况。陈丽娴和沈鸿（2017）利用我国沪、深两市A 股上市公司公开的业务信息和财务数据，根据企业主营业务是否包含服务业务，以及企业服务业务收入占总收入的比重构建企业产出服务化的指标。类似的研究有 Fang 等（2008）、陈漫和张新国（2016）等。

二、制造业服务化的影响因素研究

国内外学者在识别相关研究样本制造业服务化现状的基础上，进一步探讨了制造业服务化的影响因素，有助于厘清影响制造业服务化的深层次因素。在制造业服务化的影响因素方面，国外学者 Homburg 等（2002）的研究表明，"服务化战略导向"的影响因素主要包括组织内部特征、外部环境特征和顾客特征。Gebauer（2008）提出市场竞争和顾客需求会影响企业拓展服务业务。也有学者指出信息和通信技术的发展可以促进制造业服务化进程（Lightfoot et al. , 2011）。国内部分学者认为制造业服务化的内部驱动力是技术进步（吴敬琏，2008），制造业的技术进步、用户需求发展等因素共同决定了制造业服务化趋势（郭跃进，1999）。也有学者提出知识经济的发展也推动了制造业服务化理论的发展，如周大鹏（2010）认为知识经济、价值链延伸、收益驱动和环境保护是制造业服务化成因的四个方面。

此外，部分学者从实证层面展开研究。如国外学者 Gunter 等（2010）基于欧洲制造业调查数据，对制造企业服务化战略进行实证分析发现，企业的服务策略、产品类型和其在价值链中所处的位置对制造业投入服务化具有显著的影响。Lluis 等（2012）利用12334 家西班牙企业的相关数据，探究制造业企业服务创新的决定因素，发现技术、人力资源、竞争者、市场等因素对制造企业服务创新、产品创新和流程创新的影响程度不同。Falk 和 Peng（2013）利用欧洲18 个国家的投入产出表，发现服务从业人员中的管理人员、专业服务人员、技术人员的比例对制造业产出服务化的影响显著为正。国内学者刘继国（2008）基于问卷调查数据的研究发现，环境因素、组织因素、顾客因素等对制造业产出服务化呈现重要的影响。周艳春（2010）基于 2006～2008 年中国 120 家上市公司数据进行的实证研究发现，环境动态性、员工素质、品牌因素、企业规模是制造业产出服务化的主要影响因素。张辉（2012）利用长三角、珠三角和东北老工业基地制造业企业问卷调查数据展开的经验研究，发现竞争强度、关系权益、企业家导向、环境动态性和品牌权益有利于促进服务导向战略。黄群慧和霍景东（2014）通过 1995～2009 年主要制造业国家的投入产出数据，实证考察了影响制造业服务化的宏观因素，结果显示制造业进出口比重、服务业相对生产率、技术创新、人力资本、经济自由度对制造业服务化存在积极的促进作用，而制造业附加值率对制造业服务化的影响表现为负向。戴翔（2016）从服务增加值来源的差异性视角探讨制造业投入服务化的决定因素，研究发现制造业垂直专业化程度、制造业资本有机构成、制造业创新能力、服务贸易开放度、国内服务业发展水平及经济发展水平等，对增加值视角下的制造业投入服务化产生一定程度的影响，但对区分国内和国外服务投入的影响具有差异性。王小波和李婧雯（2016）的研究表明，资源约束程度、资本分配结构、市场服务经济水平和企业结构会影响制造业投入服务化水平，而上市年限、企业规模和服务人员规模会对制造业产出服务化产生影响。

三、制造业服务化的经济效应研究

制造业服务化作为转变经济发展方式的重要着力点和提升制造业发展质量的关键因素，现有文献大多支持制造业服务化能够带来的经济效益。通过梳理相关文献，国内外学者关于制造业服务化的经济效应研究，主要聚焦于以下方面：

首先是从宏观层面考察制造业服务化的经济效应。如 Riddle（1986）的研究认为生产性服务业是促进其他部门增长的过程产业，是经济的黏合剂。薛立敏等（1993）认为，生产性服务业可以提供知识和技术，使生产更为专业化，可以提高生产要素的生产力。江小涓（2004）、李江帆（2005）、吕政等（2006）等认为，生产性服务业比重提高是产业结构升级的标志。郑凯捷（2008）指出，通过服务活动的介入、引导、衔接、协调，可以形成一个紧密黏合的社会网络，可以促进工业和经济财富的快速增长。一些学者通过实证检验对制造业服务化的经济效应进行了有益的探索，如顾乃华等（2006）利用省际面板数据的经验研究发现，生产性服务业促进了工业竞争力的提升。江静等（2007）基于省际面板数据和工业行业数据，考察了生产性服务业对工业行业效率的影响，结果显示生产性服务业有利于提高工业的整体效率，且对不同要素密集度行业的影响具有差异性。顾乃华（2010）利用城市面板数据，分析了生产性服务业对工业外溢效应的存在性。李敬子等（2015）运用2003～2013年中国285个地级及以上城市面板数据，实证检验了服务业的要素配置效率和对制造业的技术外溢效应，研究发现城市服务业对制造业具有显著的技术外溢效应，但服务业与制造业在产业链中还未形成有效衔接。类似的研究有唐保庆等（2012）、孙晓华等（2014）、张浩然（2015）等。赵靓和吴梅（2016）利用空间计量模型的经验研究得到，生产性服务业的进一步优化能够促进制造业产业结构优化升级。刘奕等（2017）基于2005～2013年中国287个地级及以上城市样本数据的研究发现，生产性服务业集聚有利于促进制造业升级。类似的研究有 Simon 和 Nardinelli（2002）、Anderson 和 Wincoop（2004）、Desmet 和 Fafchamps（2005）、Maine 等（2010）、宣烨（2012）、盛丰（2014）。还有一些学者基于投入产出表和贸易增加值核算，探究制造业服务化的全球价值链效应，如刘斌等（2016）的研究发现，制造业服务化不仅提高了我国制造业价值链的参与程度，而且显著提升了我国制造业在价值链体系中的分工地位。杜运苏和彭冬冬（2018a）基于增加值视角考察了服务投入对中国制造业分工地位的影响，结果表明服务占比增强总体上促进了制造业分工地位的提升，且中间品服务投入和来源于 OECD 国家的服务投入对制造业分工地位的促进作用更显著。相似的研究还有 Low（2013）、白清（2015）、陈秀英（2016）、Miroudot 和 Cadestin（2017）、杜运苏和彭冬冬（2018b）。

其次是从企业微观层面，利用工业企业的微观数据考察制造业服务化对企业的经济效应。国内外文献主要关注了制造业服务化对企业生产率、企业技术进步与创新、企业绩效、企业竞争力等方面的影响。其中，关于制造业服务化对企业生产率的效应研究，Fishbein 等（2000）、Grossman 和 Rossi – Hansberg（2010）等学者研究表明，制造业的服务中间投入通过优质服务要素供给，降低了企业生产成本，促进了企业生产率的提升。Arnold 等（2008）利用世界银行提供的非洲企业微观数据进行的实证检验发现，通信、电力和金融服务投入对企业生产率增加产生显著的正向影响。吕越等（2017）的研究发现，制造业服务化水平有利于提高企业的全要素生产率。宣烨和余泳泽（2017）的研究得出，城市生产性服务业的空间集聚显著提升了制造业企业的全要素生产率。相似的研究还有 White 等（2002）、Reiskin 等（1999）、Wolfmayr（2008）、Lodefalk（2014）、周念利等（2017）。

关于制造业服务化对企业绩效的影响研究，Vandermerwe 和 Rada（1988）认为制造业与服务业的深度融合有利于企业扬长避短，获得一定竞争优势，从而有效提升企业利润。陈丽娴和沈鸿（2017）利用 2003～2015 年中国制造业上市公司的数据，通过 PSM - DID 方法进行的经验研究发现，制造业服务化显著提高了制造业企业绩效，但这一效应存在时间滞后效应，且对于不同所有制企业的影响具有差异性，并发现制造业服务化可以提高企业的资本密集度。类似的研究有 Gust Af Sson 和 Brax（2012）、Watanabe 和 Hur（2004）、姜铸和李宁（2015）等。江积海和沈艳（2016）、徐振鑫等（2016）的研究发现，服务化程度与制造业企业绩效存在 U 形曲线关系。类似的研究还有 Neely（2008，2011）、Reinartz 和 Ulaga（2008）等。

关于制造业服务化对企业技术进步与创新的影响方面，如 Arnold 等（2008）、Wolfmayr（2008）分别利用非洲和奥地利微观企业数据进行的研究发现，制造业投入服务化显著促进了企业技术进步。张文红等（2010）发现服务中介机构对制造企业的服务创新发挥着十分特殊的作用。刘维刚和倪红福（2018）的实证研究发现，制造业国外服务投入和间接服务投入对企业技术进步呈现显著提升效应，而国内服务投入和直接服务投入对企业技术进步的影响为负向。

关于制造业服务化对企业竞争力的影响研究，Francois（1990）认为，制造业服务化通过范围经济、规模经济等促进了企业核心竞争力的提升。顾乃华（2010）认为，工业企业面对不确定性，通过将生产性服务外部化可以将资源集中在最有竞争优势的环节，有助于提高企业的核心竞争力。Lodefalk（2014）的研究发现，制造业企业的服务投入强度将显著影响产品的国际竞争力。

此外，部分学者进一步考察了制造业服务化对企业出口二元边际、企业出口产品质量与技术复杂度、企业出口国内增加值的影响效应。如刘斌和王乃嘉

（2016）的实证研究发现，制造业投入服务化通过生产率提升、创新激励、规模经济等效应对中国企业出口二元边际的优化产生重要影响。刘斌等（2016）的研究结果显示，制造业服务化有助于提升企业出口的产品质量和技术复杂度，促进制造企业的产品升级。许和连等（2017）基于中国工业企业、海关进出口数据库以及世界投入产出数据库，实证检验制造业投入服务化对企业出口国内增加值率的影响，结果表明制造业投入服务化促进了一般贸易企业出口国内增加值率的提升，而对加工贸易和混合贸易企业出口国内增加值率产生 U 形影响效应。

第二节　衡量企业绩效的研究概述

企业的绩效表现一直是学界关注的热点，随着研究的不断深入，目前文献中所选取的衡量绩效的指标变量已呈现出多元化取向。通过梳理相关文献，企业绩效所涉及的指标主要包括财务指标和非财务指标。其中，财务指标包括企业的盈利能力、偿债能力、资产管理能力、成长能力、股本扩张能力、主营业务状况等。非财务指标主要是从企业的创新能力、研发费用率、新产品销售率、新产品开发率、市场占有率、顾客满意度、合同交货率等方面反映企业的经营业绩。

现有研究中关于企业财务绩效指标的衡量，常用到的指标主要有，总资产收益率（Dess and Davis，1984；Robinson and Pearce，1988）、净资产收益率（David et al.，2002；Acquaah and Yasai – Ardekani，2008）、销售利润率（Aupperle et al.，1985；Ruf et al.，2001；Hull and Rothenberg，2008）、投资回报率（Hambrick，1983；Wright，1991）、销售收益（Parker and Helms，1992；Kim et al.，2004）、托宾 Q 值（Yermack，1996；Fang et al.，2009；陈丽娴和沈鸿，2017）、净利润（Neely，2008；张祥建等，2015；江积海和沈艳，2016）、股价变化（Moskowitz，1972；Kumar and Lee，2006）等。其中，总资产收益率反映了企业的竞争实力以及投入与产出的效果。净资产收益率是国际上常用的考察企业盈利能力的指标，能够反映企业的利润水平。利润率是企业经营成果最主要的"晴雨表"。托宾 Q 值可以综合衡量企业多方面的绩效水平。销售净利率能反映公司销售收入的盈利水平，是衡量企业销售收入获取能力的重要指标。关于企业非财务绩效的指标，如企业成长（McGee et al.，1995；Brush and Vanderwerf，1992）、关系绩效（Kohtamäki et al.，2013）、顾客绩效（Oliveira and Von Hippel，2011）、市场绩效（Grawe et al.，2009）等。此外，考虑到单纯的财务绩效指标本质上是客观的，而非财务绩效指标具有主观性，还有一些学者倾向于使用财务绩效与非财务绩效相结合的方法，如 Kaplan 和 Norton（1992）采用平衡计分卡，从财务、顾客、企业内部经营流程、学习与成长来衡量企业绩效，等等。

具体到企业出口绩效的测度，多数学者采用了销量指标，如企业出口金额（Bonaccorsi，1992；Malmberg et al.，2000）、企业出口概率（Culpan，1989；Ito and Pucik，1993）、企业出口增长率（Cooper and Kleinschmidt，1985；Donthu and Kim，1993）等。一些学者采用了利润指标，如企业出口利润率（Samiee and Walters，1990），还有学者采用了市场份额指标（Zou et al.，1998）。此外，还有文献关注了企业新产品和新市场的出口（Coviello and Munro，1995）、企业出口的年数（Bernard and Jensen，1999）、出口企业的信誉（Raven et al.，1994）等。关于企业出口利得，Bernard 等（2003）最早提出了价格加成的概念，认为高效率企业有能力制定更高定价，也更容易出口。Melitz 和 Ottaviano（2008）认为低生产率企业被挤出国际市场，进而使出口企业具有更高的加成率。近年来，全球价值链分析成为国际贸易领域的研究热点，一些学者通过计算企业出口国内增加值反映其贸易实际利得（张杰等，2013；Kee and Tang，2016；李胜旗和毛其淋，2017；许和连等，2017）。关于企业出口增长，学者进一步在结构上将其分解为扩展边际和集约边际（Bernard et al.，2003），其中集约边际是指现有出口产品或现有出口企业在单一方向上量的增加，扩展边际是指出口产品种类的新增或创造、出口市场的新增（Helpman and Rubinstein，2008；Lawless and Malone，2010）。此外，学者还从企业出口产品质量（Amiti and Khandelwal，2013）、企业出口持续时间（Besedes and Blyde，2010；陈勇兵等，2012）、企业出口技术复杂度（Hausmann et al.，2007）等方面考察了企业出口绩效。

在与本书研究主题相近的国内外文献中，部分学者利用生产率来衡量企业绩效，从而探讨制造业服务化对企业生产率的影响效应，如 White 等（2002）、Reiskin 等（1999）、Fishbein 等（2000）、Arnold 等（2008）、周念利等（2017）、吕越等（2017）等。部分学者采用企业利润，如 Vandermerwe 和 Rada（1988）认为制造业与服务业的深度融合有利于企业扬长避短，获得一定竞争优势，从而有效提升企业利润。一些学者利用托宾 Q 值作为企业绩效的衡量指标，如陈丽娴和沈鸿（2017）利用 2003～2015 年中国制造业上市公司的数据，通过 PSM－DID 方法进行的经验研究发现，制造业服务化显著提高了制造业企业绩效。徐振鑫等（2016）利用资产收益率来衡量企业绩效，研究发现制造业服务化与企业绩效之间存在 U 形关系。部分学者采用技术与创新指标，如 Arnold 等（2008）、Wolfmayr（2008）分别利用非洲和奥地利微观企业数据进行的研究发现，制造业投入服务化显著促进了企业技术进步。类似的研究还有张文红等（2010）、刘维刚和倪红福（2018）等。一些学者通过企业竞争力进一步探究制造业服务化对绩效的影响，如 Francois（1990）的研究认为，制造业服务化通过范围经济、规模经济等促进了企业核心竞争力的提升。顾乃华（2010）的研究发现生产性服务业有助于提高企业的核心竞争力。相似的研究还有 Lodefalk（2014）等。部分学者利用出口二元边际、出口产品质量与技术复杂度、出口国内增加值等，考察制造业服务化对企业出口绩效的影响，如刘斌和王乃嘉（2016）、刘斌等（2016）、许和连等（2017）。此外，还有一些学者采用多种指标相结合的方法，如姜铸和李宁（2015）将企业绩效分为财务绩效、顾客绩效、学习与成长、内部营运四个维度，采用平衡计分卡来衡量制造企业的绩效状况，实证分析得出制造企业服务化程度对企业绩效有显著的正向影响。江积海和沈艳（2016）利用资产收益率、总资产收益率、销售毛利率、销售净利率来反映制造企业经营绩效，结果表明服务化程度与企业绩效存在 U 形关系。肖挺（2018）采用利润率、人员结构、产品销售额来表征企业绩效水平，研究显示制造业服务化对技术型员工比重的影响为正，而与利润率及销售收入的关系较为复杂。

第三节　制造业服务化对企业绩效的影响研究

国内外众多学者对制造业服务化与企业绩效的关系进行了很好的论证和阐

述，本节主要从以下三个方面对相关研究成果进行梳理：

一类文献肯定了制造业服务化对企业绩效的正向促进作用。如国外学者 Van-dermerwe 和 Rada（1988）认为制造业与服务业的深度融合有利于企业扬长避短，获得一定竞争优势，从而有效提升企业利润。Homburg（2012）的实证研究表明，服务导向战略对企业绩效产生显著的正相关关系。Gust Af Sson 和 Brax（2005）的研究发现，企业的服务业务能够促进企业财务绩效的提升。Gebauer 和 Fleisch（2007）基于德国和瑞士的制造业企业数据，研究发现服务投入有利于企业创造利润。Baines 等（2010）通过对英国制造业企业的研究，得出制造业的服务化有助于企业提高市场份额，获得更高利润。Eggert 等（2011）利用德国企业的实证检验发现，服务创新有利于企业获得高利润回报。类似的研究有 Vickery 等（2003）、Watanabe 和 Hur（2004）、Antioco 等（2008）、Visnjic 等（2012）等。国内学者蔺雷和吴贵生（2007）基于清华大学技术创新研究中心 2005 年的制造业调研数据，实证考察了制造业服务化对企业绩效的影响，研究发现服务投入有助于提升企业绩效。祝瑞等（2014）利用中国制造业上市公司展开的经验研究表明，制造业企业的服务化对提升企业经营绩效有着积极的影响。陈丽娴和沈鸿（2017）利用 2003～2015 年中国制造业上市公司的数据，通过 PSM – DID 方法进行的经验研究发现，制造业服务化显著提高了制造业企业绩效，但这一效应存在时间滞后效应，且对于不同所有制企业的影响具有差异性，并发现制造业服务化可以提高企业的资本密集度。相似的研究还有李海涛等（2013）、姜铸和李宁（2015）、胡查平等（2018）。

另一类文献研究认为制造业服务化对企业绩效可能存在负向影响。如 Mathieu（2001）认为，服务化将导致制造企业面临竞争成本和内部政治成本两种新的成本压力。Gebauer 等（2005）提出了"服务悖论"，他们认为服务投入会增加企业的经营成本和管理复杂度。Benedettini 等（2013）的研究认为，企业提供的服务产品种类对企业所获利润的影响显著为负。国内学者肖挺（2018）利用 2006～2015 年我国 153 家上市制造企业数据，考察服务化与我国制造业绩效的关系，经验研究发现服务化与企业利润率和产品销售额的关系较为复杂，总体上并没有比非服务化企业获得更高绩效，且短期内更容易陷入"服务化—利润陷阱"。相似的研究还有 Oliva 和 Kallenberg（2003）等。

还有一些文献研究发现制造业服务化与企业绩效之间并非简单的线性关系，而是可能呈现 U 形、倒 U 形等非线性相关关系。如 Fang 等（2008）基于美国上市公司的实证研究发现，服务化程度与企业销售总额及市场价值之间存在 U 形关系。江积海和沈艳（2016）、徐振鑫等（2016）的研究也发现，服务化程度与制造业企业绩效存在 U 形曲线关系。陈洁雄（2010）利用 2008 年中美两国的装备制造、汽车、家电以及电子信息行业的上市公司数据，对制造业服务化与经营绩效的关系进行实证检验，结果表明中国企业的服务化对其经营绩效存在显著的倒 U 形关系，而美国企业的服务化对经营绩效的影响显著为正。肖挺等（2014）基于 2003 ~ 2011 年四个制造行业的研究数据，发现食品饮料加工与纺织品制造行业的服务化对企业绩效的影响为 U 形，而交通工具制造业与电子信息设备制造业服务化与企业绩效之间的关系为马鞍形。李靖华等（2015）以我国 5 个制造行业518 家上市公司数据为研究样本，发现制造企业服务化程度对企业经营绩效的影响呈马鞍形。陈丽娴（2017）利用 2003 ~ 2015 年沪深上市公司企业数据，考察不同生命周期阶段企业的服务化战略对其绩效的影响，研究显示成熟期企业的服务化与绩效之间呈现 U 形关系，成长期为反 L 形，而衰退期的影响不显著。类似的研究还有 Neely（2008，2011）、Reinartz 和 Ulaga（2008）、Kohtamäki 等（2013）等。

第四节　制度环境对企业绩效的影响研究

企业的制度环境可以分为正式制度环境和非正式制度环境（North，1990），也有学者将其分成企业内部的制度环境和外部制度环境（吴先明，2011；周建等，2009）。在有关制度环境指标衡量的研究中，国内外文献主要利用国际组织发布的关于各国市场化程度、政府廉洁程度、契约和产权安全程度等方面的相关数据，如美国传统基金会（The Heritage Foundation）发布的经济自由度指数（Index of Economic Freedom）、透明国际（Transparency International）编制的清廉指数（Corruption Perceptions Index）、商业环境风险评估组织（Business Environmental Risk Intelligence）发布的投资环境风险评估报告。还有一些文献以樊纲等学者编制的基于中国各地区差异的市场化指数来衡量制度环境。

一、制度环境对制造业绩效的影响研究

制度理论认为，转型经济中外部市场的局限性很大程度上是由于政府的干预和掌握着包括银行等关键资源分配（Nee，1992；Standifird and Weinstein，2002）。因此，在转型经济中，虽然市场机制发挥一定作用，但企业的发展很大程度上仍然依赖非市场体系，如政府控制和社会网络等来获取资源（Peng and Heath，1996）。中国的现实正是如此，企业依赖政府获得生产所需的资源包括土地、资金、有力的政策支持等（Tan et al.，2007；冯天丽和井润田，2009）。

国内外众多学者对制度环境与制造业绩效的延伸与深化展开了研究。在中国转型经济的情况下，政府环境构成了民营企业外在环境的重要部分，对企业的生存和发展以及企业之间的竞争都发挥了很重要的作用。罗党论和唐清泉（2009）基于2002～2005年民营上市企业数据，考察了制度环境中的地区产权保护水平、政府干预水平、金融发展水平对所在地民营上市企业政治参与的影响，发现地方产权保护越差，政府干预越大，金融发展越落后时，民营上市企业更有动机与政府形成政治关系。高照军和武常岐（2014）利用2008～2010年南宁国家高新区684家企业数据，探讨了企业内外部制度环境及其耦合机制对企业创新绩效的影响效应，研究发现在国家高新区内外部制度环境下，企业追求"合法性"的行为显著促进了企业创新绩效，但内外部环境的耦合机制对创新绩效仍未产生明显影响。李艳和柳士昌（2018）探讨了全球价值链视角下外资开放对本土产业升级的影响，研究发现外资进入对本土产业升级有着重要的作用。此外，还有一些学者从进出口及贸易自由化（Baggs and Brander，2006；张杰等，2009；余淼杰，2010；毛其淋、盛斌，2013，2014；汪颖博等，2017）、环境规制（孙传旺等，2010）等方面探究制度环境因素对制造业企业绩效的影响。

通过梳理与本书研究主题相近的国内外文献，还有部分学者关注了生产性服务业的制度环境对制造业企业绩效的影响。如张艳等（2013）利用1998～2007年中国工业企业数据，实证检验了中国服务贸易自由化程度对制造业企业生产率的影响，结果表明服务贸易自由化显著促进了制造业企业生产率的提高，类似的

研究还有 Bertrand 等（2007）、Arnold 等（2007）、Bas（2014）、Beverelli 等（2017）、Hoekman 和 Shepherd（2015）。周念利（2014）分析了中国服务业改革对制造业企业生产效率的影响，发现航空、电信和金融部门改革能够促进制造业企业生产效率的提升。类似的研究还有周念利等（2015）。武力超等（2016）基于跨国微观企业数据的研究发现，生产性服务业自由化显著促进了制造业企业出口密集度的提高。李宏亮和谢建国（2018）基于 2001～2007 年中国工业企业数据库、世界银行 STRD 以及 WIOD 数据库，从制度环境视角探讨了服务贸易开放对制造业企业加成率的影响，研究发现服务贸易开放有利于制造业企业加成率的提升，且地区制度环境的改善对服务贸易开放与企业加成率的关系产生先降后升的调节作用。类似的研究还有诸竹君等（2018）。孙浦阳等（2018）从服务业中间品市场开放的视角，实证检验了我国服务业外资参股的政策调整对制造业企业出口的影响，结果表明服务业开放显著提高了制造业企业的出口倾向和出口额。相似的研究还有 Fernandes 和 Paunov（2012）、Bourlès 等（2013）、Cette 等（2013）、Duggan 等（2013）、侯欣裕等（2018）等。

二、制度环境对服务业绩效的影响研究

服务业具有典型的制度密集型特征，对于服务业企业，由于其经济活动主要围绕提供服务产品进行，具有无形性、多样性和信息不对称性的特点，道德风险和逆向选择的可能性更大，因此，与制造业企业相比，服务企业要求更加完善的制度环境（周振华，2011）。

关于制度环境对服务业绩效影响的国内外文献主要沿着以下三个方向展开。第一个方向是从国别层面出发，考察各国制度环境与其服务业绩效的关系。如 Mattoo 等（1999）通过金融和电信部门的跨国样本，探讨了贸易自由化对服务业增长的影响，结果显示一国服务业开放程度显著促进了该国服务业增长。Eschenbach 和 Hoekman（2006）基于东欧和中亚 24 个转型国家的经验研究发现，服务业管制的放松有利于促进一国服务业发展。汪德华等（2007）利用跨国截面数据分析了政府规模和法治水平对一国服务业发展的影响，研究发现政府规模对其服务业发展水平的影响显著为负，而一国契约执行制度的质量显著促进该国服务业发展水平的提升。胡超和张捷（2011）基于 162 个国家和地区的经验研究得出，制度环境的改善能够促进一国服务出口比较优势指数和服务业比重的提升。还有一些学者从服务业管制层面着手，以某一特定国家或 OECD 国家为研究对象，单向考察了服务业进入自由化与生产率的关系，其中 Nicoletti 和 Scarpetta（2003）、Loayza 等（2009）的实证结果均表明在服务业中，进入自由化对服务业生产率具有一定的促进作用。

第二个方向是从城市或行业层面出发，如 Bertrand（1978）、Keeble 和 Wilkinson（2000）、倪鹏飞（2004）、顾乃华（2011）等通过探究城市化进程与服务业发展之间的关系，发现城市化进程是推动服务业增长的重要因素，且各省区市的市场化进程、对外开放程度等制度因素也会影响其服务业增长。邵骏和张捷（2013）利用 1990～2010 年全国 28 个省市服务业和细分服务行业数据，将制度因素用政府支配经济资源的比重、非国有经济的发育程度、知识产权保护水平、城市化进程、行业竞争程度五个指标表征，实证检验制度因素对服务业增长的影响，发现非国有经济发展、城市化进程形成、知识产权保护水平和充分的市场竞争显著促进了服务业增长，而政府支配经济资源比重的影响显著为负。刘丹鹭（2013）通过对中国 2003～2010 年的省际面板检验发现，当放松管制体现为国有以及集体企业垄断力量的下降时，它与服务业生产率的增长有显著关系，而当放松管制体现为私营以及外资企业实际进入和市场自由化时，它与服务业生产率增长存在负面或不相关的关系。类似的研究还有陈艳莹等（2008）、李筱乐（2016）等。一些学者则以服务业内部的某一特定行业为研究对象，发现对创新性强的服务行业，反竞争的垄断措施不仅损害该行业自身的效率，且会损害密集使用该服务的行业的效率（Conway et al.，2006；Gu and Lafrance，2008）。

第三个方向是从企业微观视角研究制度环境对服务业企业绩效的影响。如一些学者从服务业全球化角度着手，探讨服务进出口对企业生产率的影响，结果表明服务出口企业确实工资更高且更具有效率（Barseghyan，2008；Temouri et al.，2013；Ospina and Schiffbauer，2010）。也有学者发现，进行服务进口贸易企业的绩效要好于出口企业（MuGls and Pisu，2009；Castellani et al.，2010）。一些学者的研究显示，在服务业中，只有当企业的国际化战略和创新战略相匹配时，企业才能最大限度地获取两者带来的收益（刘丹鹭，2013）。

第五节　对已有研究文献的评述

通过对以上相关文献进行系统回顾，可以发现现有文献主要集中考察了制造业服务化水平的测度、制造业服务化的决定因素及经济效应、制造业服务化对企业绩效的影响、制度环境对企业绩效的影响等方面的问题。国内外众多学者对服务中间投入、制度环境与企业绩效的相关研究非常丰富，从理论上深化了学术界对于服务中间投入、制度环境与企业绩效之间关系的认识，从实证上详细探讨了服务中间投入及制度环境对企业绩效的具体影响效应，这为今后学者的研究奠定了坚实的基础。但随着异质性贸易理论与全球价值链理论及其定量研究的快速发展，以及考虑到当前我国正处于经济转型时期，国内各地区各行业及企业所面临的外部制度环境存在显著差异这一事实，从行业层面转向企业微观层面的研究，特别是从增加值视角将制造业投入服务化与企业微观层面的出口国内增加值相结合，将全球价值链视角下的服务中间投入与企业出口产品转换行为，以及反映企业动态竞争能力的价格加成率结合，考察制造业投入服务化对企业绩效的影响，并将外部制度环境纳入分析框架，探讨制度环境对服务中间投入与企业绩效之间关系的影响等，这些问题的研究对于经济新常态下，中国发展服务型制造、提升企业竞争优势，实现制造业和服务业持续健康发展具有重要的理论和现实意义。综观已有研究可以发现以下几点不足，需要进一步深入探讨：

第一，关于服务中间投入与企业绩效的研究虽然目前有较多相关研究成果，但大部分文献仍是基于传统的经营绩效指标展开经验研究（Fishbein et al.，2000；Arnold et al.，2008；刘斌和王乃嘉，2016；吕越等，2017；陈丽娴和沈鸿，2017；刘维刚和倪红福，2018 等）。鲜有采用新新贸易理论提出更高阶、更有效的指标反映企业的绩效，例如企业价格加成、企业出口产品密度转换等，探讨制造业投入服务化对其的影响效应。此外，随着全球价值链分析成为国际贸易领域的研究热点，一些学者虽然基于投入产出表和贸易增加值核算，探究了制造业投入服务化的全球价值链效应（Low，2013；刘斌等，2016；杜运苏和彭冬冬，

2018a 等），但已有文献仍是停留在国家或产业层面，而从增加值视角将服务中间投入与企业微观层面的出口国内增加值相结合，考察制造业投入服务化对其影响的研究也较为缺乏。

第二，已有相关研究在指标衡量、机制论述与检验等方面仍存在一些令人遗憾的缺陷。关于制造业投入服务化的测度，主要基于省际或城市层面的生产性服务业发展水平（江静等，2007；顾乃华，2010；李敬子等，2015 等），或国家和行业层面的投入产出分析（李美云，2007；Gunter et al.，2010；顾乃华和夏杰长，2010 等），或企业层面的服务投入情况来衡量（蔺雷和吴贵生，2007；徐振鑫等，2016；肖挺，2018）。在全球价值链生产和分工体系下，即便利用世界投入产出表测算产业层面的服务中间投入情况，其数据仍主要基于 WIOD（2013）公布的 41 个国家或地区 35 个行业的投入产出表，而利用 WIOD（2106）最新公布的 44 个国家或地区 56 个行业投入产出表的研究还很少。且现有文献也鲜有从全球价值链视角，通过测算细分国内外内涵服务价值，分析服务中间投入与企业绩效的关系。此外，已有研究也未针对制度环境与服务中间投入在影响企业绩效的互动关系，就其微观机制及其机制检验以及异质性经验研究进行细致论证。

第三，现有关于服务中间投入与企业绩效的研究虽然得到了诸多理论和实证检验，但涉及对企业外部环境存在差异性思考的文献却很少。考虑到当前我国处于经济增速换挡、产业升级转型攻坚时期，国内各地区各行业及企业所面临外部制度环境存在显著差异。在制造业中间投入服务化的趋势下，若从服务中间投入的视角解读企业绩效的变动，却忽略外部制度环境，尤其是生产性服务业制度环境的影响，其估计结果可能会有失偏颇。虽然已有相关文献中，部分学者对生产性服务业制度环境与企业绩效的延伸与深化展开了研究，如 Bertrand 等（2007）、Arnold 等（2007）、张艳等（2013）、Hoekman 和 Shepherd（2015）等，但将外部制度环境与服务中间投入纳入统一的分析框架，探究制度环境对制造业投入服务化与企业绩效之间关系的影响的文献研究还相对较少。

第四，现有文献更多地关注了制度环境与制造业企业绩效的关系，忽视了从服务业企业微观视角探究外部制度环境对其绩效的影响。由于服务业微观企业相对其他行业在统计和数据方面的不足，已有文献主要探讨创新与服务业生产率、制度环境与服务业生产率或制度与服务业创新两两之间的关系。鲜有文献考虑到中国制度环境的特殊性，尤其是中国正在经历产业结构调整和经济增长方式转变的关键时期，将三者结合起来，从服务企业微观层面探究在不同的制度环境下，企业的创新效率是否有显著差异。对于制度环境的衡量大多基于制度的某单一方面或使用樊纲等的区域市场化指数，未能综合考虑服务企业个体对环境变化的认知和实际制度环境本身。此外，已有研究大多选用劳动生产率作为服务企业生产率的衡量指标，由于服务业的产出效率还受资金、技术等其他要素投入的影响，且服务业产出难以量化等，仅使用该指标无法客观、全面地测度服务业企业的效率特征。

第三章　制造业投入服务化与企业绩效的现状分析

第一节　制造业投入服务化现状及趋势

一、基于完全消耗系数的测度

基于 WIOD（2016）最新公布的 2000～2014 年 56 个部门的投入产出数据，采用完全消耗系数来测度中国制造业投入服务化水平。具体测算方法在第四章第三节第二部分详述，这里不再赘述。

图 3-1 描述了中美两国 2000 年和 2014 年各制造行业的投入服务化水平。[①] 中国制造业整体的服务化水平从 2000 年的 43% 上升到 2014 年的 47%，但与 2014 年美国的 51% 相比仍有一定差距。2014 年中国 14 个制造行业的服务化系数

---

① WIOD（2016）最新公布的 2000～2014 年 56 个部门的投入产出数据，采用国际标准行业分类（ISIC Rev. 4）法，图 3-1 中涉及的制造业行业包括：c5. 食品、饮料和烟草制造业；c6. 纺织品、服装和皮革制造业；c7. 木材、木材制品及软木制品制造业；c8. 纸及纸制品制造业；c9. 记录媒介物的印制及复制；c10. 焦炭和精炼石油制造业；c11. 化学品及化学制品制造业；c12. 基本医药产品及医药制剂制造业；c13. 橡胶和塑料制品业；c14. 其他非金属矿物制品制造业；c15. 基本金属制造业；c16. 金属制品制造业；c17. 计算机、电子产品和光学产品制造业；c18. 电力设备制造业；c19. 未另分类的机械和设备制造业；c20. 汽车、挂车和半挂车制造业；c21. 其他运输设备制造业；c22. 家具及其他制造业。

都较 2000 年有所上升，仅有木材、木材制品及软木制品业，纸及纸制品制造业，其他非金属矿物制品业和基本金属制造业的服务化系数有所下降。此外，从行业差异来看，2014 年中国资本和技术密集型行业，如计算机、电子产品和光学制品业，未另分类的机械和设备制造业，电力设备制造业等的服务化投入系数较高，而食品、饮料和烟草制造业，木材、木材制品业及软木制品业，家具及其他制造业等劳动密集型行业的服务化投入水平仍较低。

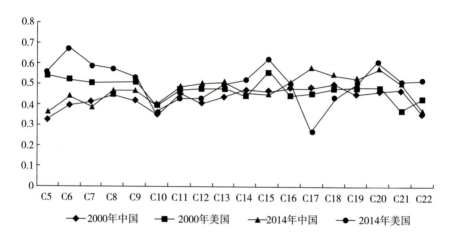

图 3-1　中美两国制造行业的投入服务化水平

二、基于增加值视角的测度

借鉴戴翔（2016），使用 WIOD（2016）公布的 2000～2014 年 56 个部门的投入产出数据，采用中国制造业出口内涵的服务投入增值率来衡量中国制造业投入服务化水平，并对服务投入水平进行国内外分解。具体测算方法在第五章第三节第二部分详述，这里不再赘述。

图 3-2 描述了 2000～2010 年企业制造业投入服务化均值的变化趋势。从图 3-2 中可以看到，在样本区间内，企业制造业投入服务化整体（ser）和制造业国内服务投入（ser_d）的均值水平呈逐年上升趋势，而企业国外服务投入（ser_f）的均值水平却呈现不断下降趋势，表明制造业企业的服务投入逐渐趋向国内。图 3-3 描绘了 2001 年和 2010 年各制造行业的投入服务化水平。从图中可以看到，与

2001 年相比，除木材、木材制品及软木制品业，焦炭和精炼石油制造业，其他非金属矿物制品业，基本金属制造业的服务投入水平在 2010 年有所下降外，其他各行业的制造业投入服务化水平都有所上升。从行业差异来看，2010 年计算机、电子产品和光学产品制造业，电力设备制造业，未另分类的机械和设备制造业等资本技术密集型行业的服务投入水平较高，而食品、饮料和烟草制造业，家具制造业及其他制造业，木材、木材制品及软木制品业等劳动密集型行业的制造业投入服务化水平较低。

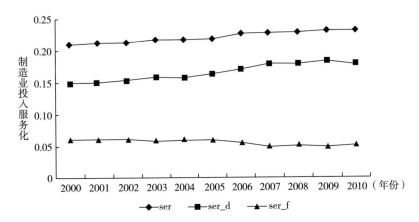

图 3-2 制造业投入服务化均值变化趋势（2000~2010 年）

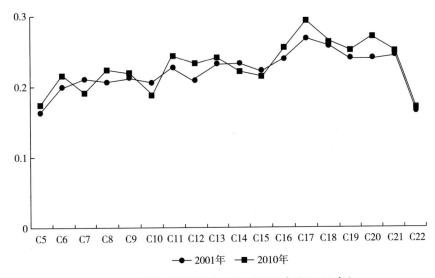

图 3-3 分行业服务投入水平（2001 年和 2010 年）

第二节　企业绩效的特征事实

一、企业出口国内增加值的特征事实

在全球价值链分工背景下，制造业企业出口中的国内增加值已成为判断企业参与国际贸易真实利得的重要标准。本书借鉴 Upward 等（2013）、张杰等（2013）的方法，利用中国工业企业数据库和中国海关进出口数据库，分别讨论一般贸易、加工贸易和混合贸易企业出口 DVAR。具体测算方法在第四章第三节第二部分详述，这里不再赘述。

图 3-4 描绘了 2000~2010 年主要制造行业不同贸易类型企业出口 DVAR。可以发现，不同贸易类型企业出口 DVAR 存在较大差异。总体来看，企业出口 DVAR 从高到低依次为一般贸易、混合贸易和加工贸易。从一般贸易来看，纸及纸制品制造业，焦炭和精炼石油制造业，化学品及化学制品业的出口 DVAR 较低；从加工贸易看，焦炭和精炼石油制造业，基本金属制造业，计算机、电子产品和光学产品制造业出口 DVAR 较低；从混合贸易看，计算机、电子产品和光学产品制造业，纺织品、服装和皮革制造业，木材、木材制品及软木制造业企业出口 DVAR 较低。本书发现，中国制造业投入服务化程度较高的计算机、电子产品和光学制品业，电力设备制造业，未分类的机械设备制造业等资本和技术密集型行业，其一般贸易企业出口 DVAR 也处于较高水平，而加工贸易和混合贸易企业出口 DVAR 却处于较低或中等水平。说明制造业投入服务化的增强对不同贸易类型企业出口 DVAR 的作用有一定差异，对一般贸易企业真实贸易利得有较强的促进作用，但对加工贸易和混合贸易企业的影响并不确定。两者更为准确的关系还有待后文进一步检验。

二、企业价格加成率的特征事实

价格加成率反映企业将价格维持在边际成本之上的能力，与企业绩效和盈利密切相关，是度量企业动态竞争能力的关键指标（任曙明和张静，2013）。本书根据 De Loecker 和 Warzynski（2012）的方法测算企业微观层面的价格加成，具体测算方法在第五章第三节第二部分详述，这里不再赘述。

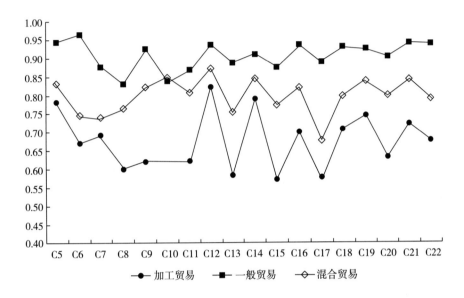

图 3 - 4　分行业不同贸易类型企业出口 DVAR（2000 ~ 2010 年）

图 3 - 5 描述了 2000 ~ 2007 年企业制造业投入服务化和价格加成均值的变化趋势。可以发现，在样本区间内，企业制造业投入服务化整体（ser）和制造业国内服务投入（ser_d）的均值水平呈逐年上升趋势，而企业国外服务投入（ser_f）的均值水平却呈不断下降趋势，表明制造业企业的服务投入逐渐趋向国内。与此同时，企业的平均价格加成率也在不断提高，特别是中国加入 WTO 之后，中国制造业企业价格加成的增速明显。图 3 - 6 展示了各行业企业的制造业投入服务化与价格加成率关系的散点图，可以看出拟合线的斜率为正，表明制造业投入服务化的增强可能会提高企业价格加成，当然更为严谨的结论将在后文实证分析中进一步检验。

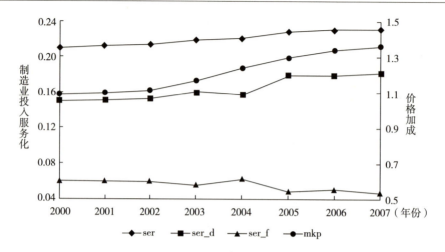

图 3 - 5　企业制造业投入服务化与价格加成均值变化趋势（2000～2007 年）

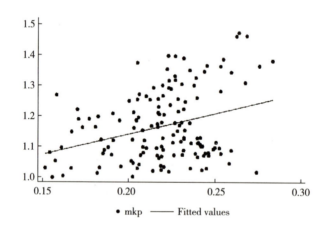

图 3 - 6　各行业制造业投入服务化与价格加成的散点图

三、企业出口产品密度转换的特征事实

企业出口多种产品是对外贸易领域的一种常态，企业内产品转换行为是实现资源优化配置的方式（Bernard et al. , 2011），且多产品的企业的产品转换行为对贸易结构、贸易增长和贸易利得都有着重要影响（易靖韬等，2017）。借鉴钱学锋和王备（2017）的方法，按照产品的要素密度分类方法，对企业出口产品要

素密度转换行为进行界定。具体测算方法在第六章第二节第二部分详述，这里不再赘述。

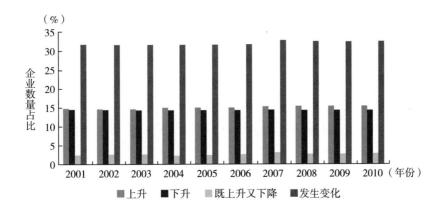

图 3 - 7　企业出口产品密度转换情况（2001 ~ 2010 年）

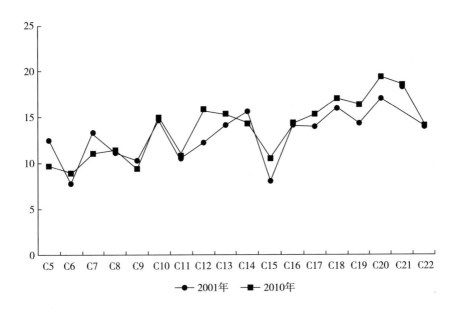

图 3 - 8　分行业企业出口产品密度上升数量占比（2001 年和 2010 年）

图 3 - 7 描绘了 2001 ~ 2010 年企业出口产品的要素密度转换情况，可以发现，2001 ~ 2010 年出口产品要素密度发生变化的样本中，出口产品密度上升的

企业数量占比最高，且在样本期内有小幅度提升，而出口产品要素密度下降的企业数量占比有小幅度的下降。图3-8描绘了2001年和2010年各制造行业企业中出口产品要素密度上升的企业数量占比。可以发现，与2001年相比，2010年各制造业中出口产品密度上升的企业数量占比均不断增加，仅有食品、饮料和烟草制造业，木材、木材制品及软木制品业，其他非金属矿物制品业的企业数量占比有所降低。说明制造业投入服务化的增强可能会提高企业出口产品密度，促进企业出口要素密度更高的产品种类，更为严谨的结论将在后文实证分析中进一步检验。

第四章 制造业投入服务化对企业出口国内增加值的影响研究

第一节 引言

在新一代信息技术和"互联网＋"应用日益广泛和深入的背景下，全球制造业呈现制造业服务化，即从"生产型制造"向"服务型制造"转型的趋势。2016年7月，工业和信息化部等三部门联合发布了《发展服务型制造专项行动指南》，明确指出"制造业企业通过创新优化生产组织形式、运营管理方式和商业发展模式，不断增加服务要素在投入和产出中的比重，从以加工组装为主向'制造＋服务'转型，从单纯出售产品向出售'产品＋服务'转变，有利于延伸和提升价值链，提高全要素生产率、产品附加值和市场占有率"，并提出"到2018年基本实现与制造强国战略进程相适应的服务型制造发展格局"。

在全球价值链分工背景下，制造业企业出口中的国内增加值已成为判断企业参与国际贸易真实利得的重要标准。根据现有研究和文献，可以从投入和产出两个不同的维度来探索制造业服务化的进展情况及其影响效应，本章主要关注制造业投入服务化方面。那么，制造业投入服务化会提升企业出口国内增加值吗？如果是，可能的影响机制有哪些？制造业投入服务化对异质性企业出口国内增加值的影响是否存在差异？影响效应随外部制度环境的变化是否存在差异？上述问题的解决对于中国发展服务型制造的实施和企业出口贸易的转型升级具有重要意义。

根据现有的研究，国内外学者主要集中在制造业服务化对企业生产率、生产成本、企业绩效、技术创新、出口二元边际等方面的影响。Reiskin 等（1999）、Fishbein 等（2000）、Grossman 和 Rossi–Hansberg（2010）等研究表明，制造业投入服务化能够提高服务要素供给质量，从而降低企业生产成本，促进企业生产率的提升。Lodefalk（2014）的研究发现，制造业企业的服务投入强度将显著影响产品的国际竞争力。张文红等（2010）发现服务中介机构对制造企业的服务创新发挥着十分特殊的作用。Neely（2008）的研究表明，制造业服务化程度与企业绩效间存在 U 形曲线关系。刘斌和王乃嘉（2016）的实证研究发现，制造业投入服务化通过生产率提升、创新激励、规模经济等效应对中国企业出口二元边际的优化产生重要影响。具体到制造业服务化对价值链升级的影响方面，刘斌等（2016）发现，制造业服务化显著提升了中国企业在价值链体系中的分工地位，但其分析仍是基于制造业行业层面，没有对微观作用机制进行全面考察。此外，也有学者从增加值贸易视角研究了企业出口国内增加值的影响因素，如 Johnson 和 Noguera（2012）、张杰等（2013）、樊秀峰和程文先（2015）、Kee 和 Tang（2016）、张斌等（2017）等。

综上所述，虽然目前有较多相关研究成果，但鲜有涉及制造业服务化对企业出口行为影响的研究，特别是从增加值视角将制造业投入服务化与企业微观层面的出口国内增加值相结合，考察制造业投入服务化对中国企业出口国内增加值影响的经验研究较为缺乏。基于此，相比现有文献，本章可能的改进之处在于：

一是率先从微观层面探讨了制造业投入服务化对企业出口国内增加值的影响，弥补了现有研究停留在国家或产业层面视角的局限，且书中的制造业投入服务化系数首次使用 WIOD（2016）最新公布的 2000~2014 年 56 个部门的投入产出数据测算的完全消耗系数，企业出口中的国内增加值率利用 2000~2010 年中国工业企业数据库和中国海关进出口数据库匹配的微观测算方法，更有助于为研究提供翔实可靠的数据支持。二是基于贸易类型、所在地区、技术水平、所有制类型，以及制造业投入服务化类型，本章甄别了制造业投入服务化对企业出口国内增加值率的异质性影响；并通过构建中介模型进一步探讨了制造业投入服务化如何通过影响企业成本和技术创新来影响企业出口 DVAR，检验了制造业投入服务化对企业出口 DVAR 可能的影响路径，加深了对服务中间投入与企业出口国内附加值之间关系的认识。三是将作为外部制度环境的市场化进程和服务业开放程度，与制造业投入服务化纳入统一的分析框架。相比现有相关研究大多忽略了国内制度因素的作用，本章基于中国各地区市场化进程以及各行业服务业开放程度存在显著差异这一现实，系统考察了外部制度环境与制造业投入服务化在影响企业出口 DVAR 的互动关系，该发现对于如何提升企业出口国内增加值率具有重要的政策含义。

第二节　制造业投入服务化影响企业出口国内增加值的机制分析

随着技术的不断进步以及产业分工更加细化，企业价值链的增值环节越发复杂，产品从研发、生产到营销、配送、维护所形成的价值链过程开始分解、整合。为实现价值链多环节的利润，企业将价值链的中心转移到能带来更多利润的价值链两端的服务环节，其结果是价值链产业结构呈现"微笑曲线化"（安筱鹏，2012）。企业出口附加值构成中纯粹制造环节所占比例越来越低，而研发设计、产品营销、咨询售后等价值链两端的生产性服务所占比重越来越高，因而制造业投入服务化已成为企业出口国内增加值率的重要来源。虽然制造业服务化与价值链升级间的正向关系已经被一些学者所证实（刘斌等，2016），但其分析主要基于制造业行业层面。由于企业异质性和外部制度环境差异，企业所拥有的无形和有形资源将决定其投入产出效率，以及掌控对应价值链环节的能力（顾乃华，2010）。如果不考虑企业异质性，可能会对服务业中间投入对企业增加值贸易影响等方面的估计带来潜在的偏差（Puzzello，2012）。

在制造业的国际分工中，中国企业大部分仍处于组装加工环节，且现代服务业发展仍相对滞后，受竞争环境和自身素质的影响，企业对价值链两端的服务需求层次和规模较低。此时如果忽视企业驾驭不同价值链环节的能力，没有完善的制度环境支持，而盲目追求制造业投入的服务化，其促进作用不仅可能被减弱，甚至服务业可能挤压企业出口的真实贸易利得。当投入服务化水平超过一定的临界值时，随着企业自身素质的提升，服务和制造环节的耦合更加紧密，服务化水平的增强将有助于企业占领价值链的战略环节，有利于制造业投入服务化对企业出口国内增加值的促进作用。因而制造业投入服务化与企业出口 DVAR 两者之间可能存在非线性关系。

企业出口 DVAR 是利用微观数据从企业层面测算出口中的国内增加值率，本章借鉴 Kee 和 Tang（2016）、李胜旗和毛其淋（2017），经过理论推导得到企业出口 DVAR 的数学表达式为：

$$DVAR_{it} = 1 - \alpha_m \frac{c_{it}}{p_{it}} \frac{1}{1 + (p_t^I/p_t^D)^{\sigma-1}} \tag{4-1}$$

其中，i 和 t 分别为企业和年份，α_m 为中间投入的产出弹性，c_{it} 为最终品的边际成本，p_{it} 为最终品价格，p_t^D 为国内中间品的平均价格，p_t^I 为进口中间品的平均价格，σ 为国内中间品与进口中间品的替代弹性，$\sigma > 1$。分别对 c_{it} 和 $\frac{p_t^I}{p_t^D}$ 求一阶偏导得到：

$$\frac{\partial DVAR_{it}}{\partial c_{it}} = -\frac{\alpha_m}{p_{it}} \frac{1}{1 + (p_t^I/p_t^D)^{\sigma-1}} < 0 \tag{4-2}$$

$$\frac{\partial DVAR_{it}}{\partial (p_t^I/p_t^D)} = (\sigma-1)\alpha_m \frac{c_{it}}{p_{it}} \frac{(p_t^I/p_t^D)^{\sigma-2}}{[1 + (p_t^I/p_t^D)^{\sigma-1}]^2} > 0 \tag{4-3}$$

从式（4-2）和式（4-3）可以得出，边际成本（c_{it}）与企业出口 DVAR 负相关，而进口中间品与国内中间品相对价格（p_t^I/p_t^D）与企业出口 DVAR 呈正相关关系。此外，考虑到企业的技术创新会增加国内中间品的数量和种类，导致国内中间品平均价格的下降，从而带来 p_t^I/p_t^D 的上升（李胜旗、毛其淋，2017），因此技术创新可以用来间接刻画进口中间品与国内中间品的相对价格。由此可见，企业成本的下降和技术创新水平的提升均有利于提高企业出口 DVAR。基于此，本章从成本效应和技术创新效应两个方面分析制造业投入服务化对企业出口国内增加值的影响机制。

（1）成本效应。制造业服务化涉及企业诸多问题，如服务化后企业新的价值主张、新的定价模式与营收模式、新的企业组织等（Araujo and Spring，2006）。中国制造业总体上仍以组装加工为主，随着加工贸易企业的不断发展，其投入服务化通过"成本效应"对出口 DVAR 的影响有一个不断演变的过程。由于加工贸易企业长期以来更多关注有形资产和生产规模的扩张，企业的技术、人才等无形资产和知识资产基础比较薄弱，造成了早期的生产服务大多停留在低端服务领域，服务化程度较低。此时如果盲目采取制造业投入的大量服务化，可能会引起企业经营成本和管理复杂程度的大幅上升（Gebauer et al.，2005），导致企业出口 DVAR 降低。当制造业投入服务化程度超过某一阈值时，随着服务中间投入的逐渐提升，企业通过外购效率更高、质量更优、费用更低的专业化生产性服务，能够直接降低生产成本；企业将非核心环节外包给服务企业，自身专注于主营业务，间接降低制造成本（Grossman and Rossi‐Hansberg，2008）；且随着产业分工的深化，企业生产中的统筹、协调等环节将主要由生产性服务业完成，节约了企业的交易成本（吕政等，2006）。此时，推进制造业投入服务化能够把其资源专注于高知识和技术密集型产品的生产，有利于实现企业的内部规模经济和外部规模经济（刘斌等，2016），降低企业成本，提高企业出口国内附加值。相较于加工贸易企业，一般贸易企业的生产组织模式有较大的差异，其需要承担出口产品从研发设计到生产销售等全部增值环节，使用较多服务中间投入，因此对于一般贸易企业，服务化程度的不断提升将有助于降低企业成本，优化资源配置，提高企业生产率，促进企业出口 DVAR 增强。基于上述理论分析，本章得出：

假设1：加工贸易企业的制造业投入服务化通过倒 U 形关系影响企业成本，并通过企业成本的中介作用对出口 DVAR 的影响表现为 U 形关系。

假设2：一般贸易企业的制造业投入服务化与企业成本呈负相关关系，并通过成本的中介作用对企业出口 DVAR 产生正向影响。

假设3：当总体样本中加工贸易企业所占比重较大时，制造业投入服务化通过成本效应，对企业出口国内增加值率的影响在整体上将呈现 U 形关系。

（2）技术创新效应。作为技术创新的主体，企业在创新过程中发挥着主导作用，但很难完成全部的创新过程。以知识、技术为基础的服务是制造企业形成差异化竞争优势的重要途径，是创新过程中的重要节点和媒介（张文红等，

2010)。制造业企业的服务化转型不仅是业务领域的拓展，对企业的技术知识资源、运营管理体系以及外部制度环境等也提出了更高的要求（顾乃华，2010）。考虑到企业的异质性，其投入服务化通过"技术创新效应"对出口 DVAR 的影响也有一个不断演变的过程。对于中国的加工贸易企业，长期以来其在大规模生产方面积累了丰富经验，但研发销售两头在外。当制造业投入服务化程度较低时，企业向服务化转型的能力不足，最核心的表现是企业的知识资产储备不足，盲目追求投入的大量服务化将导致企业资源配置效率低下，制约了企业技术创新的活力和空间，不利于提高企业出口 DVAR。当制造业投入服务化程度超过一定临界值时，服务中间投入的提升将有助于促进企业向依靠技术、人才和管理等要素的转变，有利于形成产品的水平异质性、垂直异质性和技术异质性，提高产品的个性化设计水平，增加企业的技术创新特性。此时，随着制造业投入服务化的不断提升，将促进具有创新理念的新产品、新服务的发展，推动企业出口产品从低技术复杂度向高技术复杂度攀升，从而提升企业出口 DVAR。对于一般贸易企业，其拥有较丰富的知识资产，并善于创新变革。由于生产性服务业蕴含大量人力资本和知识资本，制造业投入服务化意味着服务在企业的全部投入中占据越来越重要的地位，提供包括研发设计、法律、金融等服务（安筱鹏，2012）。通过投入的服务化，这些服务创新要素不断融入制造企业，推动了技术创新的广度和深度，促进进口中间品相对价格的提升，进而增强对国内中间品的使用，有助于企业出口 DVAR 的提升。基于上述理论分析，本章得出：

假设 4：加工贸易企业的制造业投入服务化通过 U 形关系影响企业技术创新，并通过技术创新的中介作用对出口 DVAR 的影响也呈现为 U 形。

假设 5：一般贸易企业的制造业投入服务化与企业技术创新呈正相关关系，并通过技术创新效应对企业出口 DVAR 产生正向影响。

假设 6：当样本中加工贸易企业所占比重较大时，制造业投入服务化通过技术创新效应，对企业出口国内增加值率的影响在整体上将呈现 U 形关系。

制造业投入服务化通过"成本效应"和"技术创新效应"影响企业出口 DVAR 的理论机制图如图 4-1~图 4-4 所示。

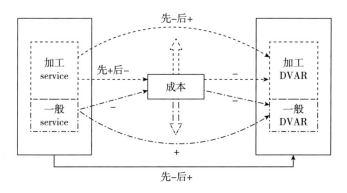

图 4-1 制造业投入服务化通过"成本效应"影响企业出口 DVAR 的理论机制

注：图中 ⋯⋯ 表示加工贸易，--- 表示一般贸易，—— 表示总体样本。图中加工贸易所占文本框面积较大表示整体样本中加工贸易所占比重较大。图 4-2 同。

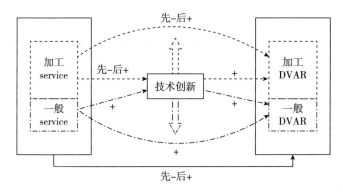

图 4-2 制造业投入服务化通过"技术创新效应"影响

企业出口 DVAR 的理论机制

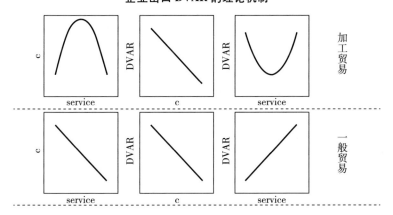

图 4-3 制造业投入服务化通过"成本效应"影响企业出口 DVAR 的关系

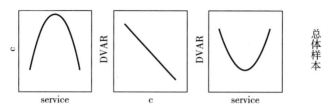

图4-3 制造业投入服务化通过"成本效应"影响企业出口DVAR的关系（续）

注：图中的service表示制造业投入服务化，c表示企业成本，DVAR表示企业出口国内增加值率。图中的各行关系图分别代表加工贸易、一般贸易和总体样本（加工贸易企业所占比重较大时）中，制造业投入服务化通过"成本效应"影响企业出口DVAR的关系；图中的各列分别代表制造业投入服务化与企业成本、企业成本与出口DVAR以及制造业投入服务化与企业出口DVAR的关系图。如第一行第一列的关系图表示，对于加工贸易企业，制造业投入服务化与企业成本呈倒U形关系；第三行第三列的关系图表示，当总体样本中加工贸易企业所占比重较大时，制造业投入服务化对企业出口DVAR的影响在整体上将呈现U形关系。

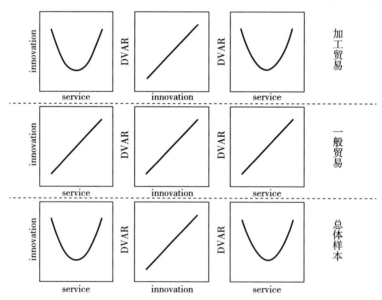

图4-4 制造业投入服务化通过"技术创新效应"影响企业出口DVAR的关系

注：图中的service表示制造业投入服务化，innovation表示企业技术创新，DVAR表示企业出口国内增加值率。图中的各行关系图分别代表加工贸易、一般贸易和总体样本（加工贸易企业所占比重较大时）中，制造业投入服务化通过"技术创新效应"影响企业出口DVAR的关系；图中的各列分别代表制造业投入服务化与企业技术创新、技术创新与企业出口DVAR以及制造业投入服务化与企业出口DVAR的关系图。如第一行第一列的关系图表示，对于加工贸易企业，制造业投入服务化与企业技术创新呈U形关系；第三行第三列的关系图表示，当总体样本中加工贸易企业所占比重较大时，制造业投入服务化对企业出口DVAR的影响在整体上将呈现U形关系。

第三节　研究设计

一、模型设定与变量选取

本章要论证的核心问题之一是探究制造业投入服务化对企业出口国内增加值的影响，结合理论机制内容，并在已有研究基础上设定基本计量模型为：

$$DVAR_{it} = \alpha + \beta_1 service_{jt} + \beta_2 service_{jt}^2 + \gamma Z + \delta_i + \delta_t + \varepsilon_{it} \qquad (4-4)$$

其中，下标 i 表示企业，j 表示企业所属制造行业，t 表示年份。$DVAR_{it}$ 为企业层面的出口国内增加值率，反映企业从出口中获得产品国内附加值的能力，具体测算方法将在下文详细介绍。$service_{jt}$ 表示制造业投入服务化指标，测度方法将在下文详细说明，考虑到制造业投入服务化的影响效应未必是线性的，模型（4-4）加入了制造业投入服务化的二次项 $service_{jt}^2$，以检验可能存在的非线性影响。

Z 为控制变量，主要是与企业自身特征相关的一系列变量，具体包括：①企业存续年限（lnage），采用当年年份与企业成立年份的差值，以此来控制存续年限对企业出口国内增加值的影响。②企业规模（size），采用企业职工人数取对数衡量。③资本密集度（lncapital），采用平均每位员工占有的固定资产数量。④全要素生产率（lntfp），目前学者们通常采用 Olley – Pakes（OP）方法或 Levinsohn – Petrin（LP）方法来估计企业 TFP。然而考虑到数据库中未提供 2008 年和 2009 年的工业增加值，以及 2008 ~ 2010 年的中间投入信息，囿于数据限制，本章借鉴 Head 和 Ries（2003），利用方程 $tfp = \ln (y/l) - s \times \ln (k/l)$ 来估计全要素生产率。其中，y 以企业的工业总产值近似替代，k 为固定资产总额，l 为企业职工人数，s 表示生产函数中资本的贡献度，将 s 设定为 1/3（Hall and Jones, 1999）。为使 TFP 符合正态分布及降低样本个体之间的异方差等，本章对 TFP 取自然对数。⑤贸易类型虚拟变量（shipment），按照企业的贸易方式，分为一般贸易企业（general）、加工贸易企业（process）和混合贸易企业（mix）。⑥所有制类型虚拟变量（ownership），按照注册资本所占比重，分为国有（state）、民营（private）、集体（collective）、独立法人（legal）、中国港澳台外资（hmt）和其他外资企业（foreign）。

此外，δ_i 为企业固定效应，δ_t 为年份固定效应，ε_{it} 为随机扰动项。考虑到制造业投入服务化程度是行业层面数据，而企业出口国内增加值率是企业层面数据，这种数据结构可能低估统计误差，因此模型使用企业所属行业的聚类标准差加以纠正。

二、核心变量测度

（1）制造业投入服务化。关于制造业投入服务化的测度，目前学者们主要采用投入产出法中的直接消耗系数法和完全消耗系数法（顾乃华、夏杰长，2010；刘斌等，2016）。本章借鉴刘斌等（2016），使用 WIOD（2016）最新公布的 2000～2014 年 56 个部门的投入产出数据，采用完全消耗系数来测度中国制造业投入服务化水平。具体测算公式如式（4-5）所示：

$$\text{service}_{mj} = a_{mj} + \sum_{l=1}^{n} a_{ml}a_{lj} + \sum_{s=1}^{n}\sum_{l=1}^{n} a_{ms}a_{sl}a_{lj} + \cdots \qquad (4-5)$$

其中，j 表示企业所属制造行业，m 表示服务行业，service_{mj} 表示制造业 j 的服务化水平，a_{mj} 表示第 j 制造行业对第 m 服务行业的直接消耗，$\sum_{l=1}^{n} a_{ml}a_{lj}$ 表示第一轮间接消耗，第 n+1 项表示第 n 轮间接消耗。

（2）企业出口国内增加值率。关于出口国内增加值的测度，目前学术界的衡量方法主要有两种。第一类是基于投入产出表的宏观测算方法（Hummels et al.，2001；Koopman et al.，2012；刘斌等，2016；唐宜红和张鹏杨，2017）；第二类是基于中国工业企业数据库和中国海关进出口数据库的微观测算方法（Upward et al.，2013；张杰等，2013；李胜旗和毛其淋，2017）。考虑到第一类测算方法是在行业层面的测度，难以满足企业异质性层面对增加值贸易的研究，本章借鉴 Upward 等（2013）、张杰等（2013）的方法，利用中国工业企业数据库和中国海关进出口数据库，分别讨论一般贸易、加工贸易和混合贸易企业出口 DVAR。

Upward 等（2013）基于垂直专业化思想，假设企业的进口产品都作为中间投入使用，其中，加工贸易进口全部用作加工贸易出口的中间投入，一般贸易进口的中间投入同比例地用于国内销售和一般贸易出口，从企业微观层面提出测算垂直专业化（企业出口国外增加值）（VS）的修正公式如式（4-6）所示：

$$VS_{it} = imp_{it}^p + \frac{imp_{it}^o}{Y_{it} - exp_{it}^p} exp_{it}^o \qquad (4-6)$$

其中，下标 i 和 t 分别表示企业和年份，上标 o 和 p 分别表示一般贸易和加工贸易，imp 为企业进口额，exp 为企业出口额，Y 为企业总产出。由式（4-6）可以得到：

一般贸易企业 VS 为：

$$VS_{it}^o = \frac{imp_{it}^o}{Y_{it}^o} exp_{it}^o \qquad (4-7)$$

加工贸易企业 VS 为：

$$VS_{it}^p = imp_{it}^p \qquad (4-8)$$

企业出口国内增加值（DVA）为：

$$DVA_{it} = exp_{it} - VS_{it} \qquad (4-9)$$

企业出口国内增加值率（DVAR）为：

$$DVAR_{it} = \frac{DVA_{it}}{exp_{it}} = 1 - \frac{VS_{it}}{exp_{it}} \qquad (4-10)$$

因此，可以得到按三类贸易类型划分的企业出口国内增加值率（DVAR）：

$$DVAR_{it} = \begin{cases} 1 - \dfrac{VS_{it}^o}{exp_{it}^o} = 1 - \dfrac{imp_{it}^o}{Y_{it}^o}, & shipment = O \\[2mm] 1 - \dfrac{VS_{it}^p}{exp_{it}^p} = 1 - \dfrac{imp_{it}^p}{Y_{it}^p}, & shipment = P \\[2mm] w_o\left(1 - \dfrac{imp_{it}^o}{Y_{it}^o}\right) + w_p\left(1 - \dfrac{imp_{it}^p}{Y_{it}^p}\right), & shipment = M \end{cases} \qquad (4-11)$$

其中，下标 i 和 t 分别代表企业和年份，O、P、M 分别表示一般贸易、加工贸易和混合贸易，w_o 和 w_p 分别表示混合贸易中一般贸易和加工贸易的比重。在测算过程中，充分考虑以下三个方面问题：

第一，一般贸易 BEC（Broad Economic Categories）的产品分类。考虑到中国

加工贸易企业的进口产品均被用于出口品生产的中间投入（Upward et al.，2013），因此加工贸易企业的中间品进口额即为海关进口额 imp_{it}^p；而对于一般贸易企业，进口产品可能既被用于中间投入使用，也可能被作为最终产品而直接用于国内销售，本书根据联合国统计司网站提供的 HS-6 分位编码与 BEC 分类的转换表，将海关数据库中的 HS 产品编码与 BEC 进行匹配，识别出一般贸易企业进口的产品类别（消费品、资本品或中间品），并将一般贸易企业的中间品进口额表示为 $imp_{it}^o\mid_{BEC}$。其中，2000~2001 年采用 BEC-HS1996 转换表，2002~2006 年采用 BEC-HS2002 转换表，2007~2010 年采用 BEC-HS2007 转换表。

第二，贸易代理商问题。考虑到 2004 年前中国存在对企业进出口经营权的垄断与管制，部分企业通过有进出口经营权的中间贸易代理商来间接进口，而不是企业自身通过海关直接进口。因此，本书根据 Ahn 等（2011）的方法，将企业名称中含有"进出口""贸易""经贸""科贸""外经"等字样的企业归为贸易代理商；计算各 HS-6 分位编码制造业行业 j 中通过贸易代理商的进口额占行业总进口额的比重 m_{jt}，并假定其他企业进口该行业产品通过贸易代理商的间接进口份额为 m_{jt}；根据 $imp_{it}^{adj} = \sum_j imp_{ijt}/(1-m_{jt})$ 计算企业实际进口额。通过考虑贸易代理商问题，调整后的企业实际加工贸易进口额和实际一般贸易中间品进口额分别表示为 imp_{it}^{adj-p} 和 imp_{it}^{adj-o}。此外，将贸易代理商从样本中剔除。

第三，国内中间投入的间接进口问题。考虑到现实中企业使用的国内原材料中，也有部分含有国外产品的份额。根据 Koopman 等（2012）的研究，中国加工贸易企业使用的国内原材料中，国外产品所占份额为 5%~10%。假定国内中间投入中含有的国外产品份额为 5%，那么企业使用的国内原材料中含有的国外附加值表示为：$imp_{it}^F = 0.05 \times (M^T - imp_{it}^{adj})$，其中 M^T 为企业的中间品投入额。针对这种情况，本书的稳健性检验中，测算了企业使用的国内原材料中含 5% 国外产品份额时企业的出口国内增加值率。由于中国工业企业数据库中未提供 2008~2010 年的中间投入额，因此本书考虑国内中间投入含 5% 间接进口得到的 DVAR 的稳健性指标为 2000~2007 年，未考虑间接进口得到的 DVAR 指标涵盖的年份为 2000~2010 年。

最终得到企业出口 DVAR 的测算公式如式（4-12）所示：

$$DVAR_{it} = \begin{cases} 1 - \dfrac{imp_{it}^{adj\_o}\big|_{BEC} + imp_{it}^{F}}{Y_{it}^{o}}, & shipment = O \\[4mm] 1 - \dfrac{imp_{it}^{adj\_p} + imp_{it}^{F}}{Y_{it}^{p}}, & shipment = P \\[4mm] w_{o}\left(1 - \dfrac{imp_{it}^{adj\_o}\big|_{BEC} + imp_{it}^{F}}{Y_{it}^{o}}\right) + w_{p}\left(1 - \dfrac{imp_{it}^{adj\_p} + imp_{it}^{F}}{Y_{it}^{p}}\right), & shipment = M \end{cases}$$

$$(4-12)$$

其中，下标 i 和 t 分别代表企业和年份；O、P、M 分别表示一般贸易、加工贸易和混合贸易；w_{o} 和 w_{p} 分别表示混合贸易中一般贸易和加工贸易的比重；$imp_{it}^{adj\_o}\big|_{BEC}$ 表示一般贸易企业的实际中间品进口额；$imp_{it}^{adj\_p}$ 表示加工贸易企业实际中间品进口额；imp_{it}^{F} 表示企业使用的国内原材料中含有的国外附加值；Y_{it} 为企业总产出。

三、数据来源与处理

本章使用到的数据主要来自 2000～2010 年中国工业企业数据库、2000～2010 年中国海关进出口数据库以及世界投入产出数据库。其中，制造业投入服务化指标来源于 WIOD（2016）最新公布的 2000～2014 年 56 个部门的投入产出数据，主要用于测算行业层面的制造业投入服务化水平，由于 WIOD（2016）采用国际标准行业分类（ISIC Rev.4）法，共划分 56 个行业，本章涉及的制造行业包括 c5～c22，服务行业包括 c28～c56。企业出口 DVAR 的原始数据来自中国工业企业数据库和海关进出口数据库，具体地，如企业层面所需要的开业时间、从业人数、工业总产值、固定资产、销售费用、管理费用等数据来源于中国工业企业数据库，由于该数据库存在数据缺失和数据异常等信息，本章参照 Feenstra 等（2014）的做法删除了处于非运营状态、总资产小于流动资产或固定资产、企业编码缺失、企业成立年份错误的异常样本。中国海关进出口数据库提供了企业层面的贸易数据，测算各贸易类型企业的实际进口额所需的各项原始数据来自该数据库，本章参照余淼杰（2013）的做法，根据时间和企业名称将中国工业企业数据库和中国海关进出口数据库进行匹配，并借鉴 Kee 和 Tang（2016）的方法处理了企业过度进口和过度出口问题。此外，考虑到测算所得的制造业投入服务化指标是国际标准行业分类，而企业出口 DVAR 的指标是国民经济行业分类（2000～2001 年是国民经济行业分类 1994 年修订本，2002～2010 年是其 2002 年修订本），行业分类标准存在一定差异，因此本章运用行业名称进行对照，将 WIOD 与国内制造业部门分类整合为 18 个制造业部门。书中行业和企业层面数据的对接是通过行业代码实现的。

第四节　基本实证结果与分析

一、基准回归结果

表 4-1 报告了制造业投入服务化对企业出口国内增加值率的基本回归结果。表 4-1 的列（1）显示，在没有加入控制变量，只固定企业个体效应和年份效应的情况下，制造业投入服务化的一次项系数在 5% 水平上显著为负，而二次项的回归系数在 10% 水平上显著为正，表明在样本观察期内，制造业投入服务化与企业出口 DVAR 之间存在显著 U 形关系。在此基础上列（2）控制了企业年龄、规模、全要素生产率和资本密集度特征变量，发现制造业投入服务化的一次项和二次项系数仍分别为负和正，显著性水平有所提升。列（3）仅控制了企业贸易类型和所有制类型，发现制造业投入服务化的一次项和二次项系数符号仍未发生改变。列（4）在此基础上同时控制了企业年龄、规模、全要素生产率、资本密集度以及贸易类型和所有制的特征变量，估计结果显示，服务化的一次项系数显著为 -1.9061，二次项系数显著为 2.0535。总体来看，在控制了企业特征和各个非观测固定效应后，制造业投入服务化对企业出口 DVAR 的影响效应仍呈现显著的 U 形关系，表明制造业投入服务化对企业出口国内增加值率的促进作用存在一个阈值，当制造业投入服务化没有超过临界值时，服务化水平并没有对企业出口国内增加值率形成显著的促进效应；当服务化水平超过该临界值时，制造业投入

服务化水平的提高将显著促进企业出口 DVAR 的提升①。

企业特征等控制变量的回归结果基本符合已有关于企业出口增加值检验的结论。生产效率（lntfp）越高，生产边际成本越低，有助于提升企业出口的国内增加值。规模（size）越大的企业，在规模经济、融资渠道、人力资本和风险分担等方面的优势使其在推动企业出口 DVAR 提升中拥有更大的优势。企业存续年限（lnage）反而会抑制企业出口 DVAR 的提升，说明企业通过"干中学"带来的国内增加值提升随着年龄增长可能会因守旧落后而下降。资本密集度（lncapital）对 DVAR 的影响有负向作用倾向，具有资本要素禀赋优势的企业通常会处于全球价值链的低端环节，其出口国内增加值率也较低。一般贸易企业（general）的影响系数为正，加工贸易（process）的系数显著为负，与一般贸易相比，加工贸易企业的原材料和成品"两头在外"的特性使其主要集中在生产加工环节，产品的专利与技术主要被国外企业掌握，本企业的技术含量和附加值较低，加工出口获取的国内增加值远低于一般出口。与国有企业（state）的影响系数显著为正相关，外资企业（foreign）的系数显著为负，可能由于外资企业掌握了更多国际市场信息，许多服务中间投入来自国外市场，在出口过程中国内附加值较低。

表 4 – 1　基本回归结果

	(1)	(2)	(3)	(4)
service	– 1.3066 **	– 1.9318 ***	– 1.2759 **	– 1.9061 ***
	(0.6061)	(0.6397)	(0.5901)	(0.6247)
service²	1.4079 *	2.1057 ***	1.3430 *	2.0535 ***
	(0.7071)	(0.7136)	(0.6860)	(0.6933)
lnage	—	– 0.0007	—	– 0.0023
		(0.0064)		(0.0062)
size	—	0.0419 ***	—	0.0407 ***
		(0.0034)		(0.0034)

---

① 在基本实证模型中，本书按依次加入服务化（service）的一次项、一次项和二次项的估计逻辑展开，书中只报告了估计结果显著的回归结果。

续表

	(1)	(2)	(3)	(4)
lntfp	—	0.3505 ***	—	0.3495 ***
		(0.0329)		(0.0327)
lncapital	—	−0.0044	—	−0.0045
		(0.0036)		(0.0038)
process	—	—	−0.0438 ***	−0.0417 ***
			(0.0067)	(0.0070)
general	—	—	0.0130 **	0.0075 ***
			(0.0049)	(0.0011)
foreign	—	—	−0.0163 ***	−0.0146 ***
			(0.0024)	(0.0023)
hmt	—	—	−0.0274 ***	−0.0238 ***
			(0.0025)	(0.0033)
private	—	—	0.0044	0.0008
			(0.0027)	(0.0024)
collective	—	—	0.0046	0.0029
			(0.0040)	(0.0046)
state	—	—	0.0187 ***	0.0191 ***
			(0.0033)	(0.0029)
企业效应	Yes	Yes	Yes	Yes
年份效应	Yes	Yes	Yes	Yes
观测值	199711	198827	199711	198827
R^2	0.8107	0.8266	0.8124	0.8281

注： ***、**、*分别表示1%、5%、10%水平上显著，括号内为稳健标准误。后表同。

二、稳健性检验

考虑到基本回归结果仍然可能存在估计方面的各种问题，本章将围绕基本回归中可能出现的内生性、指标选取等方面的影响，对回归结果进行稳健性分析。

（1）可能出现极端值的处理。为了处理可能出现的极端值，表4-2列（1）对企业出口国内增加值率（DVAR）在1%水平上进行了双边缩尾处理，列（2）

对企业出口国内增加值率（DVAR）在1%水平上进行了双边截尾处理。从中不难发现，制造业投入服务化（service）的影响系数大小虽有所变化，但在5%及以上的显著性水平上，service的一次项系数仍显著为负，二次项系数显著为正。样本的估计结果表明，在5%及以上水平上进行双边缩尾和双边截尾处理后，服务化对企业出口增加值率的影响效应与基本回归一致。

（2）改变制造业投入服务化衡量指标。基本回归中制造业投入服务化是行业层面指标，为避免行业维度数据与企业维度数据在对接时过度加总的问题，进一步借鉴刘斌等（2016）的方法，利用营销活动投入（销售费用、管理费用、财务费用）占工业总产值的比重作为制造业投入服务化水平的替代指标。表4－2列（3）报告了企业层面的服务化水平作为主要解释变量的估计结果，与基本回归相比，制造业投入服务化的系数大小虽有所改变，但在1%水平上对企业出口DVAR仍呈现显著的U形关系，表明本书的主要结论并不随解释变量衡量方法的不同而改变。

（3）改变企业出口国内增加值率衡量指标。前文的基本回归中测算DVAR没有考虑国内中间投入的间接进口问题，为进一步验证估计结果的稳健性，本章测算了国内中间投入含5%的国外产品情况下企业出口DVAR，重新估计基本模型，结果如表4－2列（4）所示。由于中国工业企业数据库中未提供2008～2010年的中间投入额，因此本章考虑国内中间投入含5%间接进口得到DVAR的稳健性指标为2000～2007年，导致样本观测值有所减少。可以发现，本章的主要结论依然成立。

表4－2　稳健性检验 I

	(1)	(2)	(3)	(4)
	dvar 双边缩尾 1%	dvar 双边截尾 1%	ser_r 衡量服务化程度	国内中间投入含5%间接进口
service	－1.9061***	－1.6024**	－0.2473***	－0.9882*
	(0.6247)	(0.5826)	(0.0588)	(0.5271)
service²	2.0535***	1.7983**	0.1805***	1.1397*
	(0.6933)	(0.6663)	(0.0613)	(0.6492)

续表

	（1）	（2）	（3）	（4）
	dvar 双边缩尾 1%	dvar 双边截尾 1%	ser_ r 衡量 服务化程度	国内中间投入 含 5% 间接进口
lnage	−0.0023	0.0006	−0.0002	−0.0017
	（0.0062）	（0.0060）	（0.0060）	（0.0050）
size	0.0407***	0.0192***	0.0316***	0.0085**
	（0.0034）	（0.0029）	（0.0028）	（0.0030）
lntfp	0.3495***	0.2139***	0.2897***	0.1415***
	（0.0327）	（0.0272）	（0.0253）	（0.0194）
lncapital	−0.0045	−0.0039	−0.0041	0.0016
	（0.0038）	（0.0036）	（0.0036）	（0.0021）
process	−0.0417***	−0.0424***	−0.0423***	−0.0481***
	（0.0070）	（0.0053）	（0.0070）	（0.0047）
general	0.0075**	0.0098**	0.0081	0.0151**
	（0.0031）	（0.0043）	（0.0050）	（0.0057）
foreign	−0.0146***	−0.0128***	−0.0143***	−0.0013
	（0.0023）	（0.0017）	（0.0023）	（0.0022）
hmt	−0.0238***	−0.0215***	−0.0234***	−0.0018
	（0.0033）	（0.0022）	（0.0033）	（0.0020）
private	0.0008	0.0007	0.0008	−0.0018
	（0.0024）	（0.0015）	（0.0022）	（0.0016）
collective	0.0029	0.0055	0.0028	0.0057**
	（0.0046）	（0.0035）	（0.0045）	（0.0024）
state	0.0191***	0.0151***	0.0198***	0.0081***
	（0.0029）	（0.0024）	（0.0030）	（0.0025）
企业效应	Yes	Yes	Yes	Yes
年份效应	Yes	Yes	Yes	Yes
稳健标准差 （按行业聚类）	Yes	Yes	Yes	Yes
观测值	198827	184803	198827	106539
R^2	0.8281	0.7963	0.8286	0.8182

（4）内生性问题探讨。前文的基本回归模型控制了非观测的年份固定效应、企业固定效应等，在一定程度上可以缓解遗漏变量引起的内生性问题；且因变量是企业层面数据，核心解释变量是行业层面数据，由服务化水平和出口 DVAR 之间的逆向因果导致内生性的可能性较小。但是考虑到企业特征等控制变量也可能和企业出口 DVAR 之间具有逆向因果关系，如拥有更高生产效率、规模越大的企业，可能越有能力提高企业出口 DVAR。因此为克服模型内生性问题，更准确估计企业的服务化水平对其出口 DVAR 的影响，本章利用制造业投入服务化滞后一期的一次项和二次项作为工具变量，进行两阶段最小二乘估计（2SLS）。为验证工具变量的有效性，对工具变量分别进行识别不足检验（Anderson canon. corr. LM 检验）和弱工具变量检验（Cragg – Donald Wald F 检验），结果均在 1% 水平上拒绝了"工具变量识别不足"和"存在弱工具变量"的原假设，同时进行过度识别检验（Sargan – Hansen 检验），在 10% 水平上无法拒绝"不存在过度识别"的原假设，说明工具变量的选取是合理的。表 4 – 3 列（1）通过两阶段最小二乘展开的稳健性检验发现，在考虑了模型潜在的内生性后，本章主要结论仍然成立。

（5）Tobit 估计。由于因变量 DVAR 的取值位于（0，1），属于设限数据，可能造成估计结果的偏差。考虑到数据上下限问题，Tobit 模型更适合解决因变量取值有限制的选择行为，本书采用双限制 Tobit 估计对基本结论进行检验。表 4 – 3 列（2）的估计结果显示，服务化水平对企业出口国内增加值率的 U 形效应依然显著成立，与基本分析结论一致，说明本书的核心结论不随估计模型的变化而改变。此外，为避免双限制 Tobit 估计可能存在的内生性问题，本书进一步地利用制造业投入服务化的滞后一期的一次项和二次项作为工具变量，对原 Tobit 模型进行工具变量（IV – Tobit）估计①。表 4 – 3 列（3）的估计结果表明，服务化水平对企业出口国内增加值率的 U 形效应在处理了 Tobit 估计可能存在的内生性问题后仍然是稳健的，进一步验证了前文基本回归得到的主要结论是可靠的。

（6）动态面板估计。考虑到企业出口的国内增加值率可能具有的持续性特

①　由于样本观测值较多，导致运用 Stata13.0 进行 Tobit、IV – Tobit 和系统 GMM 两步法估计时无法控制企业的固定效应，因此本书在表 4 – 3 的模型（3）、模型（4）、模型（5）中控制了企业的行业特征、省份特征和年份所表示的各固定效应特征。

征，前期的出口增加值会影响后期的出口增加值水平，本书在基本模型中引入DVAR 的滞后一期变量，同时为了有效处理模型可能存在的内生性问题，利用系统 GMM 两步法对动态面板模型进行估计。表 4 - 3 列（4）报告了系统 GMM 两步法估计结果，结果显示，检验工具变量是否受过度识别约束的 Sargan - Hansen检验的 P 值接近于 1，表明系统 GMM 工具变量的有效性；此外，在干扰项序列相关检验中，AR（1）的 P 值小于 0.01，说明模型在 1% 水平拒绝"随机干扰项无一阶自相关"的原假设；而 AR（2）的 P 值大于 0.1，表明在 10% 显著性水平上接受"随机干扰项无二阶自相关"的原假设，各检验结果均通过了系统 GMM估计的基本要求。可以发现，核心解释变量的影响系数虽与基本回归有所差异，但其呈现的 U 形影响效应仍未改变，进一步验证了本书模型估计的稳健性。

表 4 - 3　稳健性检验 II

	（1）	（2）	（3）	（4）
	2SLS	Tobit 回归	IV - Tobit 估计	系统 GMM 两步估计
L. service	—	—	—	—
L. service^2	—	—	—	—
L. dvar	—	—	—	0. 5928 ***
				（0. 0124）
sercive	- 1. 1204 *	- 2. 3778 ***	- 2. 2476 ***	- 0. 3920 **
	（0. 6035）	（0. 6980）	（0. 7366）	（0. 1955）
service^2	1. 1471 *	2. 4375 ***	1. 4783 *	0. 4143 *
	（0. 6780）	（0. 7256）	（0. 8336）	（0. 2293）
lnage	- 0. 0029	0. 0124 *	0. 0098 ***	0. 0674 ***
	（0. 0024）	（0. 0072）	（0. 0013）	（0. 0041）
size	0. 0517 ***	0. 0136 **	0. 0132 ***	- 0. 0305 ***
	（0. 0015）	（0. 0059）	（0. 0007）	（0. 0078）
lntfp	0. 4041 ***	0. 2205 ***	0. 2417 ***	- 0. 0584 **
	（0. 0047）	（0. 0809）	（0. 0038）	（0. 0242）

续表

	（1）	（2）	（3）	（4）
	2SLS	Tobit 回归	IV - Tobit 估计	系统 GMM 两步估计
lncapital	- 0.0047 ***	- 0.0114 *	- 0.0110 ***	- 0.0084 **
	(0.0011)	(0.0061)	(0.0006)	(0.0033)
process	- 0.0416 ***	- 0.0843 ***	- 0.0876 ***	- 0.1504 ***
	(0.0016)	(0.0170)	(0.0020)	(0.0274)
general	0.0181 ***	0.1023 ***	0.0899 ***	0.0281
	(0.0021)	(0.0127)	(0.0020)	(0.0268)
foreign	- 0.0089 ***	- 0.1076 ***	- 0.0993 ***	- 0.1577 ***
	(0.0023)	(0.0096)	(0.0026)	(0.0246)
hmt	- 0.0203 ***	- 0.0651 ***	- 0.0584 ***	- 0.1771 ***
	(0.0024)	(0.0065)	(0.0028)	(0.0249)
private	0.0003	0.0067	0.0020	- 0.1170 ***
	(0.0023)	(0.0069)	(0.0029)	(0.0167)
collective	- 0.0001	0.0102	0.0080	- 0.1954 ***
	(0.0044)	(0.0078)	(0.0058)	(0.0686)
state	0.0152 ***	0.0306 **	0.0326 ***	- 0.1296 *
	(0.0051)	(0.0134)	(0.0056)	(0.0695)
企业效应	Yes	No	No	No
年份效应	Yes	Yes	Yes	Yes
行业和省份效应	No	Yes	Yes	Yes
稳健标准差（按行业聚类）	Yes	Yes	No	Yes
Wald 检验	—	—	[0.0000]	—
F 检验	—	—	[0.0000]	—
AR （1）	—	—	—	0.00
AR （2）	—	—	—	0.47
观测值	120241	218800	135344	135344
R^2	0.8424	0.4269	0.4640	—

第五节　扩展检验结果与分析

一、制造业投入服务化影响企业出口DVAR的异质性检验

考虑到企业的异质性，为进一步分析整体样本的制造业投入服务化与企业出口DVAR之间存在U形关系的原因，并得到更为细化的结论，在前文研究的基础上，本节分别基于贸易类型、所在地区、技术水平和所有制类型对全样本进行分组，进而考察制造业投入服务化对企业出口国内增加值率的异质性影响。

（1）基于企业贸易类型异质性的检验。表4-4列（1）～列（3）分别报告了基于企业贸易类型的分组回归结果。可以发现，一般贸易企业制造业投入服务化对企业出口DVAR在1%水平上显著为正，说明服务化投入的增强会提升一般贸易企业的真正贸易利得。对于加工贸易和混合贸易企业，服务化水平对企业出口DVAR则呈现出显著的U形关系，表明制造业服务化水平相对较低时，对加工贸易和混合贸易企业的出口DVAR产生抑制作用，而当服务化水平超过一定的临界值后，将会对加工贸易和一般企业的出口DVAR产生促进效应。上述结果可能的解释是，一般贸易企业需要承担出口产品从研发设计到生产销售等全部增值环节，该贸易类型企业使用较多的服务中间投入，因此出口DVAR受制造业服务化正向影响较大；而中国的加工贸易企业仍处于出口产品的加工组装环节，企业的研发销售两头在外，当服务化水平较低时，其技术、专利等无形资产的实力较弱，随着服务中间投入的增强其成本也将不断增加，从而带来了企业出口附加值的降低，只有当服务化水平超过一定的门槛值后，服务化水平的提升才会带来成本下降和技术创新，从而导致企业出口DVAR的提高。本章的样本观测值中，一般贸易、加工贸易和混合贸易类型企业所占比例分别为32.03%、39.28%、28.69%，其中加工贸易和混合贸易在总体样本中占较大比重，这也是制造业投入服务化与企业出口DVAR在总体回归中呈现U形的主要原因。

（2）基于企业所在地区异质性的检验。中国不同区域的服务业发展水平差

异较大，本章将企业按照所在地域划分为东部、中部和西部进行分组检验①。表4-4列（4）~列（6）的估计结果显示，东部地区企业的服务化投入与其出口DVAR之间呈现显著的U形关系，中部地区企业服务化水平对出口DVAR的促进效应不显著，而西部地区企业制造业投入服务化的影响系数虽为负，但未通过显著性检验。可能的原因在于，中国服务业发展的区域差距十分显著，东部地区服务业开放和竞争力整体水平远高于中西部地区，对制造业投入服务化敏感度更高，能够从服务化程度提高中获得更多的成本降低和技术创新效应，从而对企业出口DVAR的促进效应更显著；然而由于观测值的东部企业中有相当数量的加工贸易和混合贸易企业（加工贸易占40.26%，混合贸易占29.07%），这两种贸易类型企业对出口DVAR产生显著的U形影响效应，导致东部企业整体水平的服务中间投入只有越过一定的临界值后，才能呈现显著的促进作用。对于中西部地区，近年来服务业虽表现出强劲的增长态势，但整体仍处于较低水平，企业的学习和技术吸收能力较低，企业从有限的服务中间投入中获得的收益也十分有限，且中西部地区更多地分布着资源依赖型企业，因此服务化水平对出口DVAR的促进作用尚不显著。

表4-4 基于企业贸易类型和地区异质性的回归结果

	(1)	(2)	(3)	(4)	(5)	(6)
	一般贸易	加工贸易	混合贸易	东部地区	中部地区	西部地区
service	0.1405***	−0.8753**	−2.4811***	−1.8461***	0.3786	−0.0282
	(0.0427)	(0.3238)	(0.7762)	(0.6150)	(0.4994)	(0.2760)
$service^2$	—	0.7949**	2.8317***	2.0003***	—	—
		(0.3662)	(0.9466)	(0.6871)		
控制变量	Yes	Yes	Yes	Yes	Yes	Yes
企业效应	Yes	Yes	Yes	Yes	Yes	Yes
年份效应	Yes	Yes	Yes	Yes	Yes	Yes
观测值	53908	74355	53943	188511	6477	3837
R^2	0.8193	0.8364	0.8229	0.8288	0.7849	0.8191

① 东部地区包括北京、天津、河北、辽宁、上海、江苏、浙江、福建、山东、广东、海南；中部地区包括山西、吉林、黑龙江、安徽、江西、河南、湖北、湖南；西部地区包括内蒙古、广西、重庆、四川、贵州、云南、西藏、陕西、甘肃、青海、宁夏、新疆。

（3）基于企业技术水平异质性的检验。考虑到制造业不同行业企业产品技术特征的差异性，本节从制造企业技术水平异质性角度出发，根据国家统计局《技术产业（制造业）分类（2013）》，将样本按企业所在行业分为高技术和低技术企业。从表 4-5 列（1）和列（2）可以看出，制造业投入服务化显著促进了高技术企业出口 DVAR，而对低技术企业出口 DVAR 的影响却呈现 U 形。可能的解释是高技术制造企业具有知识和技术密集型特征，对与产品制造相关的研发、设计、信息等高端服务需求较强，敏感度更高，因此服务中间投入的增强意味着服务在制造业的全部投入中占据着越来越重要的地位，从而推动具有创新性的新产品发展，提升产品的附加值（安筱鹏，2012）。对于低技术企业，其竞争策略主要依赖成本优势和价格竞争，产品仍处于产业链低端，对服务中间投入的需求大多停留在批发零售、运输等低端服务领域，而对高端服务需求层次较低、需求规模较小，因此服务投入水平的提升将增加其成本，从而带来了企业出口 DVAR 的降低，只有当服务化水平超过一定的阈值，服务化水平的提升才会带来企业出口 DVAR 的提高。

表 4-5　基于企业技术水平和所有制异质性的回归结果

	（1）	（2）	（3）	（4）	（5）
	高技术企业	低技术企业	外资企业	民营企业	国有企业
service	0.3331***	-1.5673**	-1.9668***	-0.8961***	0.3926
	(0.1214)	(0.7315)	(0.5964)	(0.2724)	(0.3160)
service^2	—	1.5311*	2.0240**	1.0049***	—
		(0.7660)	(0.7241)	(0.3026)	
控制变量	Yes	Yes	Yes	Yes	Yes
企业效应	Yes	Yes	Yes	Yes	Yes
年份效应	Yes	Yes	Yes	Yes	Yes
观测值	25658	171259	96119	83220	4060
R^2	0.8377	0.8314	0.8254	0.8495	0.8323

（4）基于企业所有制异质性的检验。表 4-5 列（3）~（5）汇报了对于不同所有制类型的企业样本的回归结果。对于国有企业，service 的影响系数虽然为

正，但在 10% 水平不显著，可以认为制造业投入服务化还未对国有企业出口 DVAR 形成有效的促进效应，而对于外资和民营企业，service 的影响表现为显著的 U 形，说明当服务中间投入水平越过一定门槛值，将显著提升外资企业和民营企业的出口 DVAR。上述结果可能的原因在于，一方面在高技术制造业行业，非国有企业特别是外资企业所占比重相对较高，因此更容易获得制造业投入服务化的积极影响；而且相较于国有企业，外资企业更熟悉国际市场，更容易从中获利（Sjoholm，2003；Görg et al.，2008）；另一方面，观测值的外资和民营企业中含有一定数量的加工贸易和混合贸易企业，对服务投入特别是高端服务需求水平较低，而且由于中国金融等领域的市场开放和改革相对滞后，一直以来国有企业是金融部门资金优先供给和照顾的对象，导致外资企业和民营企业整体水平的服务中间投入越过一定的阈值后，才会对企业出口 DVAR 形成有效的促进效应。

二、基于服务要素投入异质性的检验

根据服务中间投入的差异，本书主要从批发零售投入服务化、运输投入服务化、信息和通信投入服务化、金融保险投入服务化、专业科学技术投入服务化五个方面分析不同类别服务要素投入对企业出口 DVAR 的影响。表 4－6 的估计结果显示，批发零售投入服务化的估计系数为负，运输投入服务化影响系数为正，但均未通过显著性检验，信息和通信投入服务化对企业出口 DVAR 的影响显著为正，而金融保险以及专业科学技术投入服务化与整体制造业投入服务化的影响相一致，主要呈现为 U 形关系。

表 4－6　基于服务要素投入异质性的回归结果

	(1)	(2)	(3)	(4)	(5)
	批发零售投入服务化	运输投入服务化	信息和通信投入服务化	金融保险投入服务化	专业科学技术投入服务化
service	－0.0554	1.2333	0.8131 ***	－2.6273 ***	－3.2676 **
	(0.2297)	(0.7386)	(0.2087)	(0.6217)	(1.4336)
$service^2$	—	—	—	19.8114 ***	13.1356 *
				(4.9306)	(7.2454)

	（1）	（2）	（3）	（4）	（5）
	批发零售 投入服务化	运输投入 服务化	信息和通信 投入服务化	金融保险 投入服务化	专业科学技术 投入服务化
控制变量	Yes	Yes	Yes	Yes	Yes
企业效应	Yes	Yes	Yes	Yes	Yes
年份效应	Yes	Yes	Yes	Yes	Yes
观测值	198827	198827	198827	198827	198827
R^2	0.8280	0.8281	0.8280	0.8280	0.8283

上述结果可能的原因在于，批发零售和运输投入服务化虽然有助于缩短厂商与顾客之间的距离，有利于企业有效地调整生产要素，减少出口交货时间成本（Moreno et al.，2002），但其属于劳动密集型的传统服务行业，中国批发零售和运输等传统服务业仍存在内部结构不合理、专业人才缺乏等问题，创造的增加值较低，因此对企业出口国内附加值率的促进效应不显著。

信息和通信投入服务化对提高制造业企业的生产效率、创新交易方式和降低信息沟通成本具有不可估量的重要作用。如随着互联网的普及和企业信息化水平的提高，越来越多的制造业企业在采购和销售等环节采用电子商务；而且随着信息技术应用的不断深化，企业推动硬件产品与数字内容服务整合的步伐也不断加快，以提升产品运行质量和效率为目标的在线支持服务逐步展开，延长了产品价值链，逐步实现企业从产品制造向产品增值服务转型。因此信息和通信投入服务化对企业出口 DVAR 的影响显著为正。

金融保险投入服务化水平的提升将有助于提高资金使用效率，使资金流向效率更高的制造业企业。例如，在船舶、机械等大型机械设备制造业行业，一批企业纷纷组建融资租赁公司并积极开拓相关业务；而在制造业企业信贷市场，专业汽车信贷服务企业已成为资源的整合者和风险控制的主要力量，多元化的融资租赁和信贷业务已成为制造业企业新业务来源和提升核心竞争力的重要手段（安筱鹏，2012）。

专业科学和技术能力是提高企业产品价值的重要基础，随着区域性、行业性、专业化的研发设计服务平台的不断涌现，为中小企业提供行业标准、专业设计、基础数据模型等服务。然而，一方面由于样本观测值的大多数企业是加工贸易和混合贸易企业，① 使用的服务中间投入尤其是金融以及专业科学和技术等高端服务投入较少，对企业出口 DVAR 的促进作用不明显；另一方面，中国金融、科学技术提供商的市场垄断也在一定程度上阻碍了市场竞争和产品创新，企业服务中间投入的增强将增加其生产成本。因此金融保险和专业科学技术投入服务化的影响呈现 U 形，只有当服务化水平超过一定的门槛值后，服务化水平的提升将带来企业出口附加值的提高。2016 年 12 月，工业和信息化部印发《软件和信息技术服务业发展规划（2016 - 2020 年）》，2017 年 1 月，国务院印发《关于扩大对外开放积极利用外资若干措施的通知》，将金融服务业作为未来开放政策的重点，提出了提高软件和信息技术服务业国际化发展水平任务，有助于加强政策和营商环境的公平性、稳定性和可预见性。

表 4 - 7　金融和保险服务化、专业科学和技术服务化的
回归结果（基于贸易类型异质性）

	（1）	（2）	（3）	（4）	（5）	（6）
	一般贸易	加工贸易	混合贸易	一般贸易	加工贸易	混合贸易
金融和保险服务化	1.1164***	-0.9198	-3.9446*	—	—	—
	(0.3586)	(0.7997)	(2.0898)			
金融和保险服务化二次项	—	—	34.9848*			
			(19.3691)			
专业科学和技术服务化	—	—	—	0.5218***	-0.8793	-4.1942***
				(0.1044)	(0.5595)	(1.4295)
专业科学和技术服务化二次项	—	—	—			19.7288**
						(8.9814)
控制变量	Yes	Yes	Yes	Yes	Yes	Yes
企业效应	Yes	Yes	Yes	Yes	Yes	Yes
年份效应	Yes	Yes	Yes	Yes	Yes	Yes
稳健标准差（按行业聚类）	Yes	Yes	Yes	Yes	Yes	Yes
观测值	53908	74355	53943	53908	74355	53943
R^2	0.8194	0.8363	0.8227	0.8194	0.8364	0.8230

① 金融保险服务化，以及专业科学技术服务化按贸易类型分组的估计结果如表 4 - 7 所示。

三、制造业投入服务化影响企业出口国内增加值率的机制检验

前文详细考察了制造业投入服务化对企业出口 DVAR 的影响效应，接下来为更深入地揭示制造业投入服务化与企业出口 DVAR 之间的内在关系，本书构建中介效应模型对可能的传导机制进行检验。结合第二部分的理论分析，选择企业成本和技术创新能力作为中介变量。为验证制造业投入服务化是否通过 U 形或倒 U 形非线性效应影响企业成本和技术创新能力，进而对企业出口国内附加值产生影响，促成制造业投入服务化与企业出口 DVAR 的非线性关系，本书利用 Edwards 和 Lambert（2007）的一般分析框架中的调节路径分析法对影响机制进行检验。相比 Baron 和 Kenny（1986）检验中介变量的"三步骤"方法只适用于变量间线性关系的检验，Edwards 和 Lambert（2007）的方法能够更完整地揭示第三方变量在解释变量与被解释变量之间的中介效应路径。该方法的一般分析框架中包含两个一般回归模型：

$$Y = \nu_1 + \nu_2 X + \nu_3 M + \nu_4 Z + \nu_5 XZ + \nu_6 MZ + e_1 \tag{4-13}$$

$$M = \theta_1 + \theta_2 X + \theta_3 Z + \theta_4 XZ + e_2 \tag{4-14}$$

其中，Y 为被解释变量，X 为解释变量，M 为中介变量，Z 为调节变量。本部分中 Z 与 X 为同一变量，XZ 为制造业投入服务化的二次项，MZ 为中介变量与制造业投入服务化的交互项。此时本书的模型可进一步扩展为：

$$DVAR_{it} = \alpha + \beta_1 service_{jt} + \beta_2 service_{jt}^2 + \varphi_1 M_{it} + \varphi_2 service_{jt} \times M_{it} + \gamma Z + \delta_i + \delta_t + \varepsilon_{it}$$

$$\tag{4-15}$$

$$M_{it} = \mu + \vartheta_1 service_{jt} + \vartheta_2 service_{jt}^2 + \gamma Z + \delta_i + \delta_t + \varepsilon_{it} \tag{4-16}$$

模型（4-15）可以综合检验企业出口国内增加值率与制造业投入服务化的一次项、二次项、作为中介变量的企业成本和技术创新以及与制造业服务化和中介变量交叉项间的总效应，本书主要通过该模型来检验制造业投入服务化与企业出口国内增加值率的 U 形关系，以及企业成本和技术创新在其中的中介作用。模型（4-16）用来检验制造业投入服务化对中介变量的非线性影响关系。对于企业成本（c）的衡量，本书借鉴刘斌和王乃嘉（2016），采用管理费用、财务费用、主营业务成本、销售费用、主营业务应付工资总额以及主营业务应付福利费总额的总和，取自然对数。对于技术创新（innovation），采用企业新产品产值与

工业总产值的比重衡量。由于数据库中未提供 2004 年的新产品产值，本章对技术创新作为中介效应变量的检验未包括 2004 年。

　　表 4-8 报告了影响机制检验结果。表 4-8 列（1）给出了企业成本作为中介变量时模型（4-16）的回归结果，可以发现，service 的一次项对企业成本的影响系数在 1% 水平显著为正，service 二次项的影响系数在 1% 水平显著为负，表明制造业投入服务化与企业成本之间呈倒 U 形关系；表 4-8 列（2）为企业成本作为中介变量时模型（4-15）的回归结果，可以看出 service 的一次项及其二次项的影响系数仍显著，可能的原因在于，一方面，服务中间投入可能还会通过其他渠道，如技术创新、人力资本等对企业出口 DVAR 产生 U 形的影响效应；另一方面，由于企业的服务中间投入包括国内和国外，考虑到中国加工贸易企业"两头在外"的特征，初期服务化程度的增强可能更多地来自国外，导致出口 DVAR 的下降；当制造业投入服务化程度超过一定阈值时，随着服务中间投入的逐渐提升，其更多地使用来自本国专业化的生产性服务，因此制造业投入服务化本身对企业出口 DVAR 也可能存在 U 形影响效应。且模型中 c 的回归结果显著为负，表明成本对企业出口 DVAR 的负向影响；但服务中间投入与企业成本的交叉项不显著，说明企业成本与 DVAR 的关系不受服务中间投入的影响。上述结果表明，制造业投入服务化与企业成本的倒 U 形关系会经由成本的中介效应影响企业出口 DVAR。表 4-8 列（3）和列（4）分别报告了技术创新作为中介变量时模型（4-16）和模型（4-15）的估计结果，结果显示制造业投入服务化与技术创新的 U 形关系也会经技术创新的中介作用影响到企业出口 DVAR。

表 4-8　影响机制检验

	(1)	(2)	(3)	(4)
	c	dvar	innovation	dvar
service	2.0944***	-1.9429***	-0.6234***	-2.3219**
	(0.3875)	(0.6703)	(0.2240)	(0.7706)
service²	-2.1404***	2.0260**	0.6821***	2.4409**
	(0.4457)	(0.7114)	(0.2541)	(0.8776)
c	—	-0.0633***	—	—
		(0.0066)		

续表

	（1）	（2）	（3）	（4）
	c	dvar	innovation	dvar
service × c	—	0.0752 （0.1065）	—	—
innovation	—	—	—	0.0199*** （0.0023）
service × innovation	—	—	—	−0.0711 （0.0753）
控制变量	Yes	Yes	Yes	Yes
企业效应	Yes	Yes	Yes	Yes
年份效应	Yes	Yes	Yes	Yes
观测值	198822	198822	176380	176380
R^2	0.5141	0.8287	0.5285	0.8308

注：考虑到数据库中未提供 2004 年的新产品产值，本书对技术创新作为中介效应变量的检验未包括 2004 年，因此列（3）和列（4）未包括 2004 年，导致样本有所减少。

上述检验结果可能的解释是，一方面，长期来看制造业企业通过投入的服务化，将非核心业务外包，提高了产品研发、运输、售后等服务效率，降低了产品全生命周期的运行成本，推进了企业将其财力和精力专注于高知识和技术密集型产品生产，从而促进企业出口附加值的提升；另一方面，制造业投入服务化有助于增强企业的技术创新能力，不断强化产品和商业模式创新，推动企业出口产品向高技术复杂度攀升，从而促进企业出口 DVAR 的提升。然而，对于加工贸易和混合贸易类型企业（基于贸易类型分组的影响机制检验结果如表 4 - 9 和表 4 - 10 所示），由于其以组装加工为主，更多关注有形资产和生产规模的扩张，而企业的专利、人才、技术等无形资产和知识资产实力较弱，且对高端服务的需求层次较低，因此服务中间投入的提升在短期将增加其生产成本，抑制企业技术创新，从而降低了企业出口 DVAR，只有当服务化水平超过一定的阈值，服务化水平的提升才会带来企业出口附加值的提高。因此，综合上述检验结果，本部分的研究表明，企业成本和技术创新是制造业投入的服务化与企业出口国内增加值呈现 U 形关系可能的两个中介变量。

表4-9 基于贸易类型异质性的影响机制检验 I

	（1）	（2）	（3）	（4）	（5）	（6）
	一般贸易	一般贸易	加工贸易	加工贸易	混合贸易	混合贸易
	c	dvar	c	dvar	c	dvar
service	−0.1862***	0.0913***	2.2451**	−0.9569**	1.2162**	−2.5486**
	(0.0374)	(0.0125)	(0.7798)	(0.3243)	(0.4430)	(0.7317)
service²	—	—	−2.4054**	0.7652**	−1.2055**	2.5871**
			(0.8820)	(0.3658)	(0.4988)	(0.9266)
c	—	−0.2642***	—	−0.0730***	—	−0.0407**
		(0.0023)		(0.0112)		(0.0205)
service × c	—	—	—	0.1295	—	0.1505
				(0.2257)		(0.1599)
控制变量	Yes	Yes	Yes	Yes	Yes	Yes
企业效应	Yes	Yes	Yes	Yes	Yes	Yes
年份效应	Yes	Yes	Yes	Yes	Yes	Yes
稳健标准差（按行业聚类）	Yes	Yes	Yes	Yes	Yes	Yes
观测值	53908	53908	74355	74355	53943	53943
R²	0.6923	0.8206	0.3804	0.8367	0.6351	0.8242

表4-10 基于贸易类型异质性的影响机制检验 II

	（1）	（2）	（3）	（4）	（5）	（6）
	一般贸易	一般贸易	加工贸易	加工贸易	混合贸易	混合贸易
	innovation	dvar	innovation	dvar	innovation	dvar
service	0.1402*	0.0511**	−0.0586*	−1.1132*	−0.8599*	−2.8976***
	(0.0842)	(0.0214)	(0.0302)	(0.5545)	(0.4487)	(0.8955)
service²	—	—	0.1425**	1.1016**	0.8440*	3.3082***
			(0.0675)	(0.4333)	(0.5092)	(0.7967)
innovation	—	0.3402***	—	0.0449***	—	0.0344**
		(0.0030)		(0.0030)		(0.0160)
service × innovation	—	—	—	−0.1519	—	−0.0968
				(0.1717)		(0.0647)
控制变量	Yes	Yes	Yes	Yes	Yes	Yes

续表

	（1）	（2）	（3）	（4）	（5）	（6）
	一般贸易	一般贸易	加工贸易	加工贸易	混合贸易	混合贸易
	innovation	dvar	innovation	dvar	innovation	dvar
企业效应	Yes	Yes	Yes	Yes	Yes	Yes
年份效应	Yes	Yes	Yes	Yes	Yes	Yes
稳健标准差（按行业聚类）	Yes	Yes	Yes	Yes	Yes	Yes
观测值	47824	47824	64984	64984	47539	47539
R^2	0.6198	0.8237	0.4497	0.8402	0.5740	0.8224

四、市场化进程和服务业开放程度的影响效应检验

进一步地，考虑到中国各省份和行业的市场化程度和服务业开放程度存在明显差异，为考察不同地区和行业市场化程度与服务业开放程度的差异是否对制造业投入服务化造成差异性的影响。本章借鉴 Aghion 等（2005）、张杰（2015）的研究，采取一种可以在解释变量和被解释变量之间存在非线性关系时，判断某种外部因素对其影响作用的方法，并建立如下模型：

$$DVAR_{it} = \alpha + \beta_1 service_{jt} + \beta_2 service_{jt}^2 + \beta_3 market_{kt} \times service_{jt} + \beta_4 market_{kt} \times service_{jt}^2 + \gamma Z + \delta_i + \delta_t + \varepsilon_{it} \tag{4-17}$$

$$DVAR_{it} = \alpha + \beta_1 service_{jt} + \beta_2 service_{jt}^2 + \beta_3 freedom_{jt} \times service_{jt} + \beta_4 freedom_{jt} \times service_{jt}^2 + \gamma Z + \delta_i + \delta_t + \varepsilon_{it} \tag{4-18}$$

其中，i 表示企业，j 表示企业所属制造行业，k 表示企业所在地区，$market_{kt}$ 表示各省份的市场化程度是否超过均值的虚拟变量，超过则赋值为1，否则为0；$freedom_{jt}$ 表示各制造行业的服务业开放程度是否超过均值的虚拟变量，超过则赋值为1，否则为0。$market_{kt} \times service_{jt}$ 和 $market_{kt} \times service_{jt}^2$ 代表的含义是，当前者交互项和后者交互项变量的估计系数分别显著为负和正时，表明市场化程度对 service 和 DVAR 的 U 形关系有加强的作用，越是市场化程度高的地区，企业制造业投入服务化和出口国内增加值之间的 U 形关系越陡峭；相反，当两者的估计系数分别显著为正和负时，说明市场化程度对两者的 U 形关系有削弱的作用，越

是市场化程度高的地区，企业制造业投入服务化和出口国内增加值之间的 U 形关系越平坦。$\text{freedom}_{jt} \times \text{service}_{jt}$ 和 $\text{freedom}_{jt} \times \text{service}_{jt}^2$ 所代表意义的分析与之类似，不再赘述。

模型（4-17）和模型（4-18）中，中国各省份的市场化程度采用樊纲的"中国各地区市场化指数"来衡量。对于各制造行业的服务业开放程度，本书利用 WIOD 数据库，并借鉴 Amiti 和 Wei（2009）的方法，根据各制造业行业的服务化水平和各服务部门的服务业开放程度指标，计算出 18 个制造业行业对主要服务行业的服务业开放程度 freedom，具体测算公式如式（4-19）所示：

$$\text{freedom}_{jt} = \sum_m \text{service}_{jmt} \times \text{open}_{mt} \tag{4-19}$$

其中，j 表示企业所属制造行业，m 表示服务部门；service_{jmt} 为各制造行业的服务化程度；open_{mt} 表示各服务部门的开放程度，用 BOP 统计的服务进口额来衡量。考虑到 WIOD 数据库与 BOP 统计对服务部门的行业分类标准存在差异，本书运用行业名称进行对照。

表 4-11 列（1）和列（2）分别报告了市场化进程与服务业开放程度作为调节变量时模型（4-17）和模型（4-18）的回归结果。结果显示，market 与 service 一次项和二次项的交叉项均未通过 10% 的显著性检验，而 freedom 与 service 一次项和二次项的交叉项的影响系数也均不显著，表明市场化进程与服务业开放程度整体上还没有对制造业投入服务化与企业出口 DVAR 之间的关系产生显著的影响效应。进一步地，根据企业所在地区市场化指数，以及企业所属行业的服务业开放程度是否超过均值进行分组检验。表 4-11 列（3）和列（4）的估计结果显示，在市场化进程较快地区，制造业投入服务化将显著促进企业出口 DVAR 的提升，而在市场化进程相对较慢的地区，服务中间投入对企业出口 DVAR 的影响为显著的 U 形。表 4-11 列（5）和列（6）按服务业开放程度分组估计结果与之类似，不再赘述。上述结果可能的原因在于，制造业投入服务化不仅取决于企业自身特征，也取决于外部制度环境。在市场化和服务业开放程度较高地区或行业，经济自由度和产权保护较强，且高端服务行业发展较快，使用较多服务中间投入的制造业企业对其敏感度更高，能够从较开放的市场环境中获得更多的成本降低和技术创新效应，从而对企业出口 DVAR 的促进作用更显著；

而在市场化和服务业开放程度较低的环境中，服务业发展缓慢，导致面向制造业企业的信息、金融等领域的市场开放和改革相对滞后，将不利于高附加值、高贸易利得企业的发展。

表4-11 调节效应检验

	（1）	（2）	（3）	（4）	（5）	（6）
	dvar	dvar	市场化快	市场化慢	服务业开放高	服务业开放低
service	-1.4213***	-1.3971***	0.1317***	-2.1802***	0.2087***	-1.1734***
	（0.1967）	（0.2538）	（0.0134）	（0.6391）	（0.0669）	（0.2242）
service²	1.6965***	1.5297***	—	2.5883***	—	1.4375***
	（0.2544）	（0.3041）		（0.7422）		（0.2605）
market × service	-0.0445	—	—	—	—	—
	（0.0429）					
market × service²	0.0326	—	—	—	—	—
	（0.1037）					
freedom × service	—	-0.0037	—	—	—	—
		（0.0084）				
freedom × service²	—	0.0052	—	—	—	—
		（0.0136）				
控制变量	Yes	Yes	Yes	Yes	Yes	Yes
企业效应	Yes	Yes	Yes	Yes	Yes	Yes
年份效应	Yes	Yes	Yes	Yes	Yes	Yes
观测值	198827	198827	94212	91300	87874	100372
R²	0.8283	0.8281	0.8493	0.8539	0.8665	0.8697

本章小结

本章基于WIOD（2016）最新公布的2000~2014年56个部门的投入产出数据、2000~2010年中国工业企业数据库和中国海关进出口数据库，测算了中国各制造行业的投入服务化程度，以及制造业企业的出口国内增加值率，实证检验了制造业投入服务化对企业出口国内附加值的影响效应及作用机制。研究发现：

（1）制造业投入服务化对企业出口国内增加值率的影响呈现显著的 U 形关系，表明制造业投入服务化对企业出口国内增加值率的促进作用存在一个阈值或门槛，当服务化水平超过该临界值时，制造业投入服务化水平的提高将显著促进企业出口 DVAR 的提升，这主要是因为投入服务化对不同贸易类型企业的影响存在差异，这一结论在克服或考虑了可能出现的极端值、内生性问题、数据设限、改变不同衡量指标等方面的影响后仍然成立。

（2）基于企业异质性的检验发现，制造业投入服务化对企业出口 DVAR 的影响存在贸易类型、地区、技术和所有制间的差异，一般贸易企业服务化水平的影响显著为正，而加工贸易和混合贸易企业投入服务化对出口 DVAR 产生 U 形影响效应；东部企业整体的服务化投入对企业出口 DVAR 的促进作用存在一定的阈值，而中、西部企业的促进作用并不显著；相较于高技术企业服务化投入对出口 DVAR 的正向影响，低技术企业这一影响为 U 形；制造业投入服务化对外资和民营企业出口 DVAR 的影响效应为 U 形，但还未对国有企业形成有效的促进效应。此外，基于服务要素投入异质性的检验发现，信息和通信投入服务化对企业出口 DVAR 的影响显著为正，金融保险以及专业科学技术投入服务化主要表现为 U 形，而批发零售和运输投入服务化的影响均不显著。

（3）影响机制检验发现，成本降低和技术创新是制造业投入服务化促进企业出口国内增加值提升的可能渠道。此外，本章将作为外部制度环境的市场化进程和服务业开放程度纳入分析框架，结果表明市场化进程与服务业开放程度虽然整体上还未对制造业投入服务化与企业出口 DVAR 之间的关系产生显著的影响效应，但在市场化进程较快和服务业开放程度较高的地区或行业，制造业企业投入服务化将显著促进企业出口 DVAR 的提升。

第五章 制造业投入服务化对企业价格加成的影响研究

第一节 引言

随着国际分工的日益深化，制造业服务化已成为全球制造业发展的重要趋势。越来越多的制造企业围绕产品生命周期的各个环节，不断融入能够带来市场价值的增值服务，实现从传统的提供制造业产品，向提供融入了大量服务要素的产品服务系统的转变（安筱鹏，2012）。面对全球制造业服务化转型的发展趋势，我国制造业服务化开始步入强化顶层设计、全方位推进的新阶段（如《发展服务型制造专项行动指南》等政策出台）。2016年7月，工业和信息化部等三部门联合发布的《发展服务型制造专项行动指南》提出"发展服务型制造，是增强产业竞争力、推动制造业由大变强的必然要求，是顺应新一轮科技革命和产业变革的主动选择，是有效改善供给体系、适应消费结构升级的重要举措"。由于价格加成率反映企业将价格维持在边际成本之上的能力，与企业绩效和盈利密切相关，是度量企业动态竞争能力的关键指标（任曙明和张静，2013）。制造业企业生产过程中投入的中间服务会影响企业定价和成本，从而对价格加成产生不可忽视的影响。据此，本章将从企业价格加成的视角探究制造业投入服务化与企业动态竞争力之间的关系，主要考察制造业投入服务化对价格加成率的影响效应，可能的影响渠道，以及识别国内外服务投入、不同服务要素投入和企业不同技术水平、地区、所有制类型下，制造业投入服务化对企业价格加成率的差异性影响。这些问题的研究对于中国发展服务型制造的实施以及制造企业竞争优势的提升具有重要的理论与现实意义。

围绕本章的研究主题，已有文献主要集中在制造业服务化对企业绩效方面的影响。主要包括以下几个方面：第一，制造业服务化对企业生产率的影响，如Fishbein 等（2000）、Grossman 和 Rossi – Hansberg（2010）等学者研究表明，制造业的服务中间投入通过优质服务要素供给，降低了企业生产成本，促进企业生产率的提升。吕越等（2017）的研究发现，制造业服务化水平有利于提高企业的全要素生产率。相似的研究还有 White 等（2002）、Reiskin 等（1999）、Lodefalk（2014）等。第二，制造业服务化对企业技术进步与创新的影响，如 Arnold 等（2008）、Wolfmayr（2008）分别利用非洲和奥地利微观企业数据进行的研究发现，制造业投入服务化显著促进了企业技术进步。张文红等（2010）发现服务中介机构对制造企业的服务创新发挥着十分特殊的作用。刘维刚和倪红福（2018）的实证研究发现，制造业国外服务投入和间接服务投入对企业技术进步呈现显著提升效应，而国内服务投入和直接服务投入对企业技术进步的影响为负向。第三，制造业服务化对企业出口二元边际的影响，如刘斌和王乃嘉（2016）的实证研究发现，制造业投入服务化通过生产率提升、创新激励、规模经济等效应对中国企业出口二元边际的优化产生重要影响。第四，制造业服务化对企业出口国内增加值的影响，许和连等（2017）基于中国工业企业、海关进出口数据库以及世界投入产出数据库，实证检验制造业投入服务化对企业出口国内增加值率的影响，结果表明制造业投入服务化促进了一般贸易企业出口国内增加值率的提升，而对加工贸易和混合贸易企业出口国内增加值率产生 U 形影响效应。

梳理以往相关文献，学者们对制造业服务化与企业行为特征的关系进行了较多研究，但鲜有文献从全球价值链视角，考察制造业投入服务化对企业价格加成率的影响。与已有研究相比，本章可能的贡献主要体现在以下方面：第一，从微观层面探讨了制造业投入服务化对企业价格加成率的影响，且根据 De Loecker 和 Warzynski（2012）的方法，利用 2000 ~ 2007 年中国工业企业数据库测算企业微观层面的价格加成，为研究提供翔实可靠的数据支持。第二，考虑到全球价值链生产和分工背景下，制造业投入服务化可视为制造业内涵服务价值，本书使用

WIOD（2016）公布的 2000～2014 年 56 个部门的投入产出数据，采用中国制造业出口内涵的服务投入增值率，来衡量全球价值链视角下的制造业投入服务化水平，并对服务投入水平进行国内外分解。第三，基于企业技术水平、所属区域、出口状态、所有制类型，以及服务投入国内外来源和服务投入结构，本书识别了制造业投入服务化对企业价格加成的异质性影响。第四，通过构建中介效应模型进一步考察了制造业投入服务化影响企业价格加成率的作用机制，进而加深了对服务中间投入与企业价格加成之间关系的认识。

第二节　影响机制分析

根据定义，企业价格加成率为产品价格与企业边际成本之比，反映了企业的产品价格对边际成本的偏离程度。制造业投入服务化将大量人力资本和知识资本引入产品的生产过程中，意味着服务在制造业企业的全部投入中占据着越来越重要的地位，会通过多种渠道影响产品价格和边际成本，进而作用于企业价格加成率。本章在梳理相关研究和文献的基础上，根据顾乃华（2010）、安筱鹏（2012）、刘斌等（2016）的研究，主要从"成本效应"和"技术创新效应"两个方面分析制造业投入服务化对企业价格加成的影响机制。

一、制造业投入服务化通过"成本效应"影响企业价格加成

一方面，制造业企业通过外购效率更高、质量更优、费用更低、产品更多元化的专业化的生产性服务，能够直接降低企业生产成本；企业将非核心环节外包给服务企业，自身专注于主营业务，间接降低制造成本（Grossman and Rossi-Hansberg，2008）；且生产性服务业在企业生产过程中扮演统合、协调等功能，能够降低制造业企业因分工深化带来的交易成本（吕政等，2006）。如制造业运输服务化有助于降低出口交货的时间成本，信息服务化降低了信息运输成本，金融服务化则有利于降低融资成本等。推进制造业投入服务化能够把其资源专注于高知识和技术密集型产品的生产，降低企业边际成本，优化资源配置，提高企业

生产率，提高企业价格加成率。另一方面，制造企业在服务化中分享了企业的技术资源、管理资源、品牌资源、渠道资源、客户资源等知识资产，可以节约生产成本和交易成本，是企业范围经济形成和来源的基础（安筱鹏，2012）。且制造业投入服务化增强了企业内部各部门之间的运营协调，并且有利于加强企业间的生产联系，从而实现企业的内部规模经济和外部规模经济（刘斌等，2016），促进企业边际成本的降低和生产率的提升，从而导致企业价格加成率的提高。

二、制造业投入服务化通过"技术创新效应"影响企业价格加成

制造业企业虽然是重要的创新主体，但很难完全依靠自身能力来完成全部的创新活动。服务中介机构具有高知识密集度、高互动性、高技术度等特性，是创新系统中的节点和重要媒介（张文红等，2010）。一方面，制造业投入服务化促进了企业向依靠技术、人才和管理等要素的转变。生产性服务业蕴含大量人力资本和知识资本，制造业投入服务化意味着企业间的服务型生产活动贯穿于生产各环节，提供包括研发设计、人力资源、法律、金融等服务（安筱鹏，2012）。通过投入的服务化，这些服务创新要素不断融入制造企业，推动了技术创新的广度和深度，有助于企业提高技术水平，改进生产效率。另一方面，制造业投入的服务化有利于形成产品的水平异质性、垂直异质性和技术异质性，提高产品的个性化设计水平，增加企业的技术创新特性，促进具有创新理念的新产品、新服务的发展。产品创新能通过增加市场份额降低产品需求弹性，进而带来企业更高的加成率（Atkeson and Burstein，2008），且产品创新带来的生产效率提升能够降低企业边际成本，从而提高企业的价格加成率（刘啟仁和黄建忠，2016）。

第三节　研究设计与数据处理

一、模型设定与变量选取

根据本章的研究目标，并结合理论机制内容，在已有研究基础上将制造业投

入服务化影响企业价格加成的基本计量模型设定为：

$$\mathrm{mkp}_{it} = \alpha + \beta\mathrm{ser}_{jt} + \gamma Z + \delta_i + \delta_t + \varepsilon_{it} \tag{5-1}$$

其中，i 表示企业，j 表示企业所属制造行业，t 表示年份。mkp_{it}为企业 i 在 t 年价格加成，反映企业市场定价能力的边际成本加成，具体测度方法将在下文详细介绍。ser_{jt}表示全球价值链视角下的制造业投入服务化指标，测算方法将在下文详细说明。

Z 为控制变量，包括企业和行业层面的控制变量集合，其中，企业层面主要是与企业自身特征相关的变量，具体包括：

（1）企业存续年限（lnage），采用当年年份与企业成立年份的差值，变量取对数；一方面，存续年限对企业而言可能意味着学习效应和生产技能的累计效应，企业存续年限越长，自身的生产经验更加丰富，对于提升企业价格加成的表现可能越好；另一方面，一些老企业在产品生产、国际营销渠道建立等方面已经投入较多的沉没成本，企业通过"干中学"带来的价格加成提升随着年龄增长可能会因守旧落后而下降。

（2）企业规模（lnl），采用企业职工人数取对数衡量；异质性企业理论认为，大规模企业有明显的成本优势，与小企业相比，大规模企业拥有更充足的资金、更丰富的人力资本和更先进的技术，进而在提升企业价格加成过程中拥有更大的优势。

（3）全要素生产率（lntfp），已有较多文献的研究表明企业生产率越高，单位产量的投入成本越低，可能收取越高的价格加成（Melitz and Ottaviano，2008；Arkolakis et al.，2015）；本书采用 Levinsohn - Petrin（LP）方法来估计企业全要素生产率，为使全要素生产率符合正态分布及降低样本个体之间的异方差等，变量取自然对数。

（4）资本密集度（lncapital），一般而言，资本密集度越高的企业拥有较高的效率和价格加成，本书采用固定资产总额与企业从业人数的比值，以此来控制资本密集度的影响（Bernard et al.，2006）。

（5）企业出口状态（exp），现有较多研究发现，出口企业的价格加成高于非出口企业（Bernard et al.，2003；De Loecker and Warzynski，2012），因此本书对企业是否出口进行控制。

（6）所有制类型虚拟变量（ownership），不同所有制类型企业的服务化程度不尽相同，获得价格加成的动机、行为和模式也存在显著的差异，因此在实证分析中必须控制企业所有制类型。本书根据注册资本所占比重，将企业分为国有、集体、独立法人、民营、中国港澳台外资和其他外资企业。

行业层面的控制变量利用赫芬达尔指数（hhi），即用所有企业市场份额（主营业务收入占所有企业主营业务之和的份额）的平方和来衡量行业竞争程度。

此外，δ_i 为企业固定效应，δ_t 为年份固定效应，ε_{it} 为随机扰动项。考虑到制造业投入服务化程度是行业层面数据，而企业价格加成是企业层面数据，这种数据结构可能低估统计误差，因此模型使用企业所属行业的聚类标准差加以纠正。

二、核心指标测度

（1）全球价值链视角下的制造业投入服务化（ser）。关于制造业投入服务化的测度指标，目前学术界较为常用和比较规范的方法主要聚焦于三个层面：一是基于省际或城市层面的生产性服务业发展水平展开的，主要包括省际层面的服务业全要素生产率（王恕立等，2015），服务业增加值比重（程大中，2008），或者城市层面生产性服务业的从业人数占比（江静等，2007；顾乃华，2010；李敬子等，2015）等；二是基于行业层面的投入产出分析，目前学者们主要采用投入产出中的直接消耗系数法和完全消耗系数法进行测度（杨玲，2015；刘斌等，2016；许和连等，2017）；三是基于微观企业层面，利用企业的服务投入情况或服务业务收入占比来衡量（Neely，2008；徐振鑫等，2016）。考虑到全球价值链生产和分工背景下，制造业投入服务化可视为制造业内含服务价值，本章借鉴戴翔（2016），使用 WIOD（2016）公布的 2000～2014 年 56 个部门的投入产出数据，采用中国制造业出口内含的服务投入增值率来衡量中国制造业投入服务化水平，并对服务投入水平进行国内外分解。

假设两个国家两个部门，基于经典全球投入产出框架（Koopman et al.，2014）：

$$\begin{bmatrix} x_1^s \\ x_2^s \\ x_1^r \\ x_2^r \end{bmatrix} = \begin{bmatrix} a_{11}^{ss} & a_{12}^{ss} & a_{11}^{sr} & a_{12}^{sr} \\ a_{21}^{ss} & a_{22}^{ss} & a_{21}^{sr} & a_{22}^{sr} \\ a_{11}^{rs} & a_{12}^{rs} & a_{11}^{rr} & a_{12}^{rr} \\ a_{21}^{rs} & a_{22}^{rs} & a_{21}^{rr} & a_{22}^{rr} \end{bmatrix} \begin{bmatrix} x_1^s \\ x_2^s \\ x_1^r \\ x_2^r \end{bmatrix} + \begin{bmatrix} y_1^s \\ y_2^s \\ y_1^r \\ y_2^r \end{bmatrix} \tag{5-2}$$

其中，上标 s、r 表示国家，s 是来源地，r 是目的地。设 a 的下标为 m、n，且 m，n∈ {1, 2}，m 表示产品的来源行业部门，n 表示产品的使用行业部门。

$X = \begin{bmatrix} x_1^s \\ x_2^s \\ x_1^r \\ x_2^r \end{bmatrix}$，为总产出列向量。$A = \begin{bmatrix} a_{11}^{ss} & a_{12}^{ss} & a_{11}^{sr} & a_{12}^{sr} \\ a_{21}^{ss} & a_{22}^{ss} & a_{21}^{sr} & a_{22}^{sr} \\ a_{11}^{rs} & a_{12}^{rs} & a_{11}^{rr} & a_{12}^{rr} \\ a_{21}^{rs} & a_{22}^{rs} & a_{21}^{rr} & a_{22}^{rr} \end{bmatrix}$，为直接消耗系数矩

阵。$Y = \begin{bmatrix} y_1^s \\ y_2^s \\ y_1^r \\ y_2^r \end{bmatrix}$，为最终需求列向量。通过矩阵运算可以得到：

$$X = (I - A)^{-1}Y = BY \tag{5-3}$$

$B = (I - A)^{-1}$ 为里昂惕夫逆矩阵（Leontief 逆），表示完全消耗系数矩阵。定义直接增加值率系数为：

$$v_1^s = 1 - a_{11}^{ss} - a_{21}^{ss} - a_{11}^{rs} - a_{21}^{rs} \tag{5-4}$$

$$v_2^s = 1 - a_{12}^{ss} - a_{22}^{ss} - a_{12}^{rs} - a_{22}^{rs} \tag{5-5}$$

$$v_1^r = 1 - a_{11}^{sr} - a_{21}^{sr} - a_{11}^{rr} - a_{21}^{rr} \tag{5-6}$$

$$v_2^r = 1 - a_{12}^{sr} - a_{22}^{sr} - a_{12}^{rr} - a_{22}^{rr} \tag{5-7}$$

记 $V = \begin{pmatrix} v_1^s \\ v_2^s \\ v_1^r \\ v_2^r \end{pmatrix}$ 为增加值率系数列向量，则 $\hat{V} = \begin{pmatrix} v_1^s & 0 & 0 & 0 \\ 0 & v_2^s & 0 & 0 \\ 0 & 0 & v_1^r & 0 \\ 0 & 0 & 0 & v_2^r \end{pmatrix}$ 为增加值率系数

列向量的对角化。进一步地，定义增加值贸易核算系数矩阵：

$$\hat{V}B = \begin{pmatrix} v_1^s & 0 & 0 & 0 \\ 0 & v_2^s & 0 & 0 \\ 0 & 0 & v_1^r & 0 \\ 0 & 0 & 0 & v_2^r \end{pmatrix} \begin{pmatrix} b_{11}^{ss} & b_{12}^{ss} & b_{11}^{sr} & b_{12}^{sr} \\ b_{21}^{ss} & b_{22}^{ss} & b_{21}^{sr} & b_{22}^{sr} \\ b_{11}^{rs} & b_{12}^{rs} & b_{11}^{rr} & b_{12}^{rr} \\ b_{21}^{rs} & b_{22}^{rs} & b_{21}^{rr} & b_{22}^{rr} \end{pmatrix}$$

$$= \begin{pmatrix} v_1^s b_{11}^{ss} & v_1^s b_{12}^{ss} & v_1^s b_{11}^{sr} & v_1^s b_{12}^{sr} \\ v_2^s b_{21}^{ss} & v_2^s b_{22}^{ss} & v_2^s b_{21}^{sr} & v_2^s b_{22}^{sr} \\ v_1^r b_{11}^{rs} & v_1^r b_{12}^{rs} & v_1^r b_{11}^{rr} & v_1^r b_{12}^{rr} \\ v_2^r b_{21}^{rs} & v_2^r b_{22}^{rs} & v_2^r b_{21}^{rr} & v_2^r b_{22}^{rr} \end{pmatrix} \qquad (5-8)$$

记 $E = \begin{pmatrix} E_1^s & 0 & 0 & 0 \\ 0 & E_2^s & 0 & 0 \\ 0 & 0 & E_1^r & 0 \\ 0 & 0 & 0 & E_2^r \end{pmatrix}$ 为国家各行业出口额的对角矩阵，进一步地：

$$\hat{V}BE = \begin{pmatrix} v_1^s b_{11}^{ss} & v_1^s b_{12}^{ss} & v_1^s b_{11}^{sr} & v_1^s b_{12}^{sr} \\ v_2^s b_{21}^{ss} & v_2^s b_{22}^{ss} & v_2^s b_{21}^{sr} & v_2^s b_{22}^{sr} \\ v_1^r b_{11}^{rs} & v_1^r b_{12}^{rs} & v_1^r b_{11}^{rr} & v_1^r b_{12}^{rr} \\ v_2^r b_{21}^{rs} & v_2^r b_{22}^{rs} & v_2^r b_{21}^{rr} & v_2^r b_{22}^{rr} \end{pmatrix} \begin{pmatrix} E_1^s & 0 & 0 & 0 \\ 0 & E_2^s & 0 & 0 \\ 0 & 0 & E_1^r & 0 \\ 0 & 0 & 0 & E_2^r \end{pmatrix}$$

$$= \begin{pmatrix} v_1^s b_{11}^{ss} E_1^s & v_1^s b_{12}^{ss} E_2^s & v_1^s b_{11}^{sr} E_1^r & v_1^s b_{12}^{sr} E_2^r \\ v_2^s b_{21}^{ss} E_1^s & v_2^s b_{22}^{ss} E_2^s & v_2^s b_{21}^{sr} E_1^r & v_2^s b_{22}^{sr} E_2^r \\ v_1^r b_{11}^{rs} E_1^s & v_1^r b_{12}^{rs} E_2^s & v_1^r b_{11}^{rr} E_1^r & v_1^r b_{12}^{rr} E_2^r \\ v_2^r b_{21}^{rs} E_1^s & v_2^r b_{22}^{rs} E_2^s & v_2^r b_{21}^{rr} E_1^r & v_2^r b_{22}^{rr} E_2^r \end{pmatrix} \qquad (5-9)$$

其中，矩阵对角线元素中的 $\begin{pmatrix} v_1^s b_{11}^{ss} E_1^s & v_1^s b_{12}^{ss} E_2^s \\ v_2^s b_{21}^{ss} E_1^s & v_2^s b_{22}^{ss} E_2^s \end{pmatrix}$ 是国家 s 出口国内增加值部

分，$\begin{pmatrix} v_1^r b_{11}^{rr} E_1^r & v_1^r b_{12}^{rr} E_2^r \\ v_2^r b_{21}^{rr} E_1^r & v_2^r b_{22}^{rr} E_2^r \end{pmatrix}$ 是国家 r 出口国内增加值部分；而矩阵元素中除对角线以

外的项 $\begin{pmatrix} v_1^r b_{11}^{rs} E_1^s & v_1^r b_{12}^{rs} E_2^s \\ v_2^r b_{21}^{rs} E_1^s & v_2^r b_{22}^{rs} E_2^s \end{pmatrix}$ 是国家 s 出口国外增加值部分，$\begin{pmatrix} v_1^s b_{11}^{sr} E_1^r & v_1^s b_{12}^{sr} E_2^r \\ v_2^s b_{21}^{sr} E_1^r & v_2^s b_{22}^{sr} E_2^r \end{pmatrix}$ 是国家 r 出口国外增加值部分。

假设部门 1 是服务业部门，部门 2 是制造业部门，可得到：

国家 s 的制造业出口中内含的服务业国内增加值为 $v_1^s b_{12}^{ss} E_2^s$，国家 s 的制造业出口中的服务业国外增加值为 $v_1^r b_{12}^{rs} E_2^s$。本章利用制造业出口内含的服务业增加值与出口增加值的比值，即制造业出口内含的服务投入增值率，来衡量全球价值链视角下的制造业投入服务化水平；利用制造业出口内含的服务业国内增加值率和国外增加值率，来分别测度全球价值链视角下制造业的国内和国外服务投入。

（2）企业价格加成率（mkp）。本书根据 De Loecker 和 Warzynski（2012）的方法测算企业微观层面的价格加成，该测算方法不依赖对市场结构的特定假设，不依赖测量资本的使用成本，而且其优点在于包含了企业生产率可能产生的影响，其具体测算过程如下：

假设 i 企业 t 年的生产函数如下：

$$Q_{it} = F(L_{it}, K_{it}, M_{it}) \exp(\omega_{it}) \tag{5-10}$$

其中，Q_{it} 表示 i 企业 t 年的产出，ω_{it} 为 i 企业 t 年生产率的对数形式，L_{it}、K_{it}、M_{it} 分别为 i 企业 t 年的投入的劳动、资本、中间投入品。中国背景下劳动力仍未实现劳动力充分流动，劳动力不适合作为可以完全自由变动的要素，因此本书假定中间投入为没有调整成本可以自由变动的要素。企业为实现利润最大化，生产成本的拉格朗日函数为：

$$L(L_{it}, K_{it}, M_{it}, \lambda_{it}) = P_{it}^L L_{it} + P_{it}^K K_{it} + P_{it}^M M_{it} + \lambda_{it}[Q_{it} - Q_{it}(L_{it}, K_{it}, M_{it}, \omega_{it})] \tag{5-11}$$

其中，P_{it}^L、P_{it}^K、P_{it}^M 分别为 L_{it}、K_{it}、M_{it} 的价格，λ_{it} 表示拉格朗日乘子，$\lambda_{it} = \partial L_t / \partial Q_{it}$ 反映了企业的边际成本，通过选择 M_{it}，企业 i 实现利润最大化，一阶条件为：

$$\frac{\partial L_t}{\partial M_{it}} = P_{it}^M - \lambda_{it} \frac{\partial Q_{it}}{\partial M_{it}} \tag{5-12}$$

经整理可得：

$$\frac{\partial Q_{it}}{\partial M_{it}}\frac{M_{it}}{Q_{it}} = \lambda_{it}^{-1}\frac{P_{it}^{M}M_{it}}{Q_{it}} \qquad (5-13)$$

定义企业 i 的加成率为定价与边际生产成本的比值 $\mu_{it} = P_{it}/\lambda_{it}$，令 $\alpha_{it}^{M} = P_{it}^{M}M_{it}/P_{it}Q_{it}$，$\alpha_{it}^{M}$ 表示中间投入支出占总销售额的份额，式（5-13）左面为中间投入的产出弹性，表示为 θ_{it}^{M}，可以得到：

$$\mu_{it} = \theta_{it}^{M}(\alpha_{it}^{M}) \qquad (5-14)$$

由式（5-14）可知，计算价格加成的关键在于测度中间投入的产出弹性，下面具体介绍 θ_{it}^{M} 的计算方法。对式（5-10）取对数可得：

$$q_{it} = f(l_{it}, k_{it}, m_{it}; \beta) + \omega_{it} + \varepsilon_{it} \qquad (5-15)$$

企业 i 的中间投入是资本、生产率以及其他影响中间投入变量向量 Z_{it} 的函数，可表示为：

$$m_{it} = m_{t}(k_{it}, \omega_{it}, Z_{it}) \qquad (5-16)$$

其中，Z_{it} 包括企业是否出口的虚拟变量 e_{it}、国民经济三位码投入和最终品关税 ϑ_{it}^{input} 和 ϑ_{it}^{output}[①]，以及城市、所有制、年份虚拟变量，假设中间投入是 ω_{it} 的单调函数，可以将生产率函数表示为：

$$\omega_{it} = h_{t}(l_{it}, m_{it}, Z_{it}) \qquad (5-17)$$

式（5-15）的生产函数可以重新表示为：

$$q_{it} = \phi_{t}(l_{it}, k_{it}, m_{it}, Z_{it}) + \varepsilon_{it} \qquad (5-18)$$

假定生产率服从马尔科夫链式过程：

$$\omega_{it} = g(\omega_{it-1}, \vartheta_{it-1}^{input}, \vartheta_{it-1}^{output}, e_{it-1}) + \zeta_{it} \qquad (5-19)$$

其中，生产率可表示为如下形式：

$$\omega_{it}(\beta) = \hat{q}_{it} - \beta_{l}l_{it} - \beta_{m}m_{it} - \beta_{k}k_{it} - \beta_{ll}l_{it}^{2} - \beta_{mm}m_{it}^{2} - \beta_{kk}k_{it}^{2} - \beta_{lm}l_{it}m_{it} - \beta_{lk}l_{it}k_{it} -$$
$$\beta_{mk}m_{it}k_{it} - \beta_{lmk}l_{it}m_{it}k_{it} \qquad (5-20)$$

将式（5-20）代入式（5-19）进行 GMM 估计可以得到弹性系数向量：

$$\hat{\beta} = (\hat{\beta}_{l}, \hat{\beta}_{m}, \hat{\beta}_{k}, \hat{\beta}_{ll}, \hat{\beta}_{mm}, \hat{\beta}_{kk}, \hat{\beta}_{lm}, \hat{\beta}_{lk}, \hat{\beta}_{mk}, \hat{\beta}_{lmk}) \qquad (5-21)$$

中间投入的产出弹性为 $\hat{\beta}_{m} + 2\hat{\beta}_{mm}m_{it} + \hat{\beta}_{lm}l_{it} + \hat{\beta}_{mk}k_{it} + \hat{\beta}_{lmk}l_{it}k_{it}$，再根据式（5-14）求得企业微观层面的价格加成。

---

① 关税数据来自联合国贸易和发展会议（UNCTAD）贸易分析与信息系统数据库（TRAINS）。

第四节　基本实证结果与稳健性讨论

一、基本回归结果

表5－1报告了全球价值链视角下的制造业投入服务化对企业价格加成的基本回归结果，本章控制了企业和年份效应，采用逐步回归的方法。表5－1的列（1）显示，仅加入制造业投入服务化指标，并控制企业和年份效应的情况下，制造业投入服务化每增加1个单位，企业价格加成提高0.127个单位，表明在样本观测期内，制造业投入服务化与企业价格加成存在显著的正向关系。在此基础上，列（2）控制了企业存续年限、规模、全要素生产率和资本密集度特征变量，列（3）进一步对企业出口状态和所有制类型进行控制，发现制造业投入服务化的估计系数在1%水平上仍显著为正。列（4）同时加入了企业特征变量，以及行业赫芬达尔指数，在其他条件不变的情况下，制造业投入服务化每增加1个单位，企业价格加成将提高0.2806个单位。基本回归结果表明，制造业投入服务化水平的增强将显著促进企业价格加成的提升。

表5－1　基本回归结果

	（1）	（2）	（3）	（4）
ser	0.1270 ***	0.3029 ***	0.2813 ***	0.2806 ***
	(0.0285)	(0.0274)	(0.0270)	(0.0270)
lnage	—	− 0.0224 ***	− 0.0216 ***	− 0.0216 ***
		(0.0004)	(0.0004)	(0.0004)
lnl	—	0.0170 ***	0.0174 ***	0.0174 ***
		(0.0004)	(0.0004)	(0.0004)
lntfp	—	0.6566 ***	0.5911 ***	0.5911 ***
		(0.0082)	(0.0085)	(0.0085)

续表

	（1）	（2）	（3）	（4）
lncapital	—	0.0171 ***	0.0172 ***	0.0172 ***
		（0.0002）	（0.0002）	（0.0002）
exp	—	—	0.0025 ***	0.0025 ***
			（0.0004）	（0.0004）
hhi	—	—	—	0.0488 ***
				（0.0098）
ownership	No	No	Yes	Yes
企业效应	Yes	Yes	Yes	Yes
年份效应	Yes	Yes	Yes	Yes
观测值	1143140	1143133	1143133	1143133
R^2	0.8297	0.8632	0.8655	0.8655

注：***、**、*分别表示1%、5%、10%水平上显著，括号内为稳健标准误。后表同。

从控制变量的回归结果可以看到，企业存续年限（lnage）对价格加成的影响为负，可能的原因在于，企业存续年限越长，通过"干中学"带来的生产率水平的提升可能会因守旧落后而下降，且存续年限较长的企业创新动力也较低，比新进入企业具有相对较低的价格加成。企业规模（lnl）影响系数为正，规模越大的企业拥有更充足的资金、更丰富的人力资本和更先进的技术，对投入材料也具有更强的议价能力，规模经济使企业的边际成本更低，从而企业的价格加成更高。全要素生产率（lntfp）影响系数为正，生产率越高边际生产成本越低，有助于提升企业的价格加成。资本密集度（lncapital）对价格加成的影响显著为正，具有资本要素禀赋优势的企业更加注重技术创新，有助于降低企业边际成本，提高价格加成。是否为出口企业（exp）的影响系数为正，表明进入国际市场的出口企业通过"选择效应"和"竞争效应"具有更高的生产率和更高质量的产品，从而获得更高的价格加成（Melitz，2003；诸竹君等，2017）。行业竞争程度（hhi）的影响系数为正，行业竞争较为激烈情况下，企业被迫压低定价，而要素价格上涨也进一步提升了企业生产成本，从而降低了企业的价格加成。

二、稳健性检验

（1）可能出现极端值的处理。为了处理可能出现的极端值，表5-2列（1）

对企业价格加成（mkp）在 1% 水平上进行了双边缩尾处理，列（2）对企业价格加成（mkp）在 1% 水平上进行了双边截尾处理。从中不难发现，制造业投入服务化（ser）的影响系数大小虽有所变化，但在 1% 的显著性水平上，ser 的系数显著为正。样本的估计结果表明，在 1% 显著性水平上进行双边缩尾和双边截尾处理后，投入服务化对企业价格加成的影响效应与基本回归一致。

（2）改变制造业投入服务化衡量指标。基本回归中的制造业投入服务化（ser）是行业层面指标，为有效避免行业维度数据与企业维度数据在对接时过度加总的问题，本章进一步运用企业层面的服务活动投入占比进行稳健性检验。具体地，本章借鉴刘斌等（2016）的方法，利用营销活动投入（销售费用、管理费用、财务费用）占工业总产值的比重（ser_r）作为制造业投入服务化水平的替代指标。表 5-2 列（3）报告了企业层面的服务化水平作为主要解释变量的估计结果，较好地保证了核心结论的稳健性，与基本回归相比，主要解释变量的系数大小虽有所改变，但在 1% 水平上制造业投入服务化对企业价格加成仍呈现显著的正向关系，表明本章的主要结论并不随解释变量衡量方法的不同而改变。

（3）改变企业价格加成衡量指标。为避免估计结果受价格加成测算方法的影响，本章参照钱学锋等（2016）的研究，利用 Domowitz 等（1986）的会计方法计算：

$$\frac{p-c}{p} = 1 - \frac{1}{mkp} = \frac{value - wage}{value + mid} \tag{5-22}$$

其中，p、c 分别表示企业的产品价格和边际成本，value 为工业增加值，wage 为工资总额，mid 表示中间投入成本。为进一步验证估计结果的稳健性，本章采用会计法测算价格加成，将其作为因变量的替代指标，重新估计基本模型，结果如表 5-2 列（4）所示。可以发现，本章的主要结论依然成立。

（4）内生性问题与工具变量回归。本章的因变量是企业层面数据，核心解释变量是行业层面数据，由制造业投入服务化和企业价格加成之间的逆向因果导致的内生性的可能性较小。但是，考虑到模型中的企业特征等控制变量也可能和价格加成之间具有逆向因果关系，以及模型中遗漏变量而导致内生性问题。因此，为进一步消除估计结果的误差，更准确估计企业的服务化水平对其价格加成的影响，本章分别采用韩国和日本的制造业投入服务化水平作为工具变量，进行两阶段最小二乘估计（2SLS）。为验证工具变量的有效性，本章对工具变量分别进行识别不足检验（Anderson canon. corr. LM 检验）和弱工具变量检验（Cragg - Donald Wald F 检验），结果均在 1% 水平上拒绝了"工具变量识别不足"和"存在弱工具变量"的原假设，同时进行过度识别检验（Sargan - Hansen 检验），在 10% 水平上无法拒绝"不存在过度识别"的原假设。表明工具变量的选取是合理的，进而说明工具变量估计的可靠性。表 5 - 2 列（5）和列（6）通过两阶段最小二乘展开的稳健性检验发现，在考虑了模型潜在的内生性后，核心解释变量 ser 的估计系数仍显著为正，说明本章主要结论仍然成立。

（5）动态面板估计。考虑到企业价格加成可能具有的持续性特征，前期的价格加成会影响后期的价格加成水平，本章在基本模型中引入价格加成的滞后一期变量（L. mkp），同时为了有效处理模型可能存在的内生性问题，利用系统 GMM 两步法对动态面板模型进行估计。表 5 - 2 列（7）报告了系统 GMM 两步法估计结果，结果显示，检验工具变量是否受过度识别约束的 Sargan - Hansen 检验的 p 值接近于 1，表明系统 GMM 工具变量的有效性；此外，在干扰项序列相关检验中，AR（1）的 P 值小于 0.01，说明模型在 1% 水平拒绝"随机干扰项无一阶自相关"的原假设；而 AR（2）的 P 值大于 0.1，表明在 10% 显著性水平上接受"随机干扰项无二阶自相关"的原假设，各检验结果均通过了系统 GMM 估计的基本要求。可以发现，核心解释变量的影响系数虽与基本回归有所差异，但其呈现的正向影响效应仍未改变，进一步验证了本章模型估计的稳健性。

表 5 - 2　稳健性检验

	（1）	（2）	（3）	（4）	（5）	（6）	（7）
	mkp 双边缩尾 1%	mkp 双边截尾 1%	ser_ r 衡量服务化程度	改变价格加成衡量指标	韩国 ser 作工具变量	日本 ser 作工具变量	系统 GMM 两步估计
L. mkp	—	—	—	—	—	—	0.2652 *** (0.0171)
ser	0.2705 *** (0.0270)	0.2286 *** (0.0241)	0.3366 *** (0.0014)	1.3665 *** (0.1074)	4.7775 *** (0.1748)	4.3900 *** (0.2543)	1.7772 *** (0.0902)
lnage	− 0.0215 *** (0.0004)	− 0.0197 *** (0.0004)	− 0.0209 *** (0.0003)	− 0.0325 *** (0.0077)	− 0.0234 *** (0.0005)	− 0.0232 *** (0.0005)	0.1278 *** (0.0065)

续表

	（1）	（2）	（3）	（4）	（5）	（6）	（7）
	mkp 双边缩尾 1%	mkp 双边截尾 1%	ser_ r 衡量服务化程度	改变价格加成衡量指标	韩国 ser 作工具变量	日本 ser 作工具变量	系统 GMM 两步估计
lnl	0.0173***	0.0183***	0.0198***	0.0539***	0.0191***	0.0189***	-0.3135***
	(0.0004)	(0.0004)	(0.0003)	(0.0054)	(0.0005)	(0.0005)	(0.0156)
lntfp	0.5889***	0.4482***	0.5483***	0.3322***	0.6090***	0.6075***	0.3370***
	(0.0085)	(0.0068)	(0.0016)	(0.0382)	(0.0087)	(0.0089)	(0.0184)
lncapital	0.0171***	0.0173***	0.0163***	0.0311***	0.0176***	0.0176***	0.0189
	(0.0002)	(0.0002)	(0.0001)	(0.0025)	(0.0002)	(0.0002)	(0.0122)
exp	0.0026***	0.0010***	0.0036***	0.0645***	0.0016***	0.0017***	0.0724***
	(0.0004)	(0.0004)	(0.0003)	(0.0044)	(0.0004)	(0.0004)	(0.0154)
hhi	0.0496***	0.0437***	0.0481***	0.0172**	0.0419***	0.0425***	-2.0358***
	(0.0098)	(0.0082)	(0.0058)	(0.0073)	(0.0097)	(0.0097)	(0.3170)
ownership	Yes	Yes	Yes	Yes	Yes	Yes	Yes
企业效应	Yes	Yes	Yes	Yes	Yes	Yes	No
年份效应	Yes	Yes	Yes	Yes	Yes	Yes	Yes
行业和省份效应	No	No	No	No	No	No	Yes
AR（1）	—	—	—	—	—	—	0.00
AR（2）	—	—	—	—	—	—	0.79
观测值	1143133	1117819	1136115	1142933	1143133	1143133	786691
R^2	0.8646	0.8697	0.8768	0.4370	0.8561	0.8577	—

第五节　扩展检验结果与分析

一、计量结果的异质性

（1）区分服务投入国内外来源的检验。考虑到在全球价值链分工模式下，制造业的投入服务化包括国内和国外服务投入两部分，两种不同来源的服务投入的影响可能并不相同，为进一步探究哪种服务来源对制造业企业价格加成的影响更大，本章分别从国内和国外两方面来考察不同服务来源对企业价格加成的回归结果。表5-3列（1）和列（2）的估计结果显示，国内服务投入的增强将显著促进企业价格加成的提升，而国外服务投入对企业价格加成的影响却在1%水平显著为负。可能的原因在于，一方面，来源于国内的服务中间投入相较于国外价格更低，更多地使用国内服务投入有助于降低企业成本，从而促进价格加成的提高；另一方面，虽然发达经济体相较于国内在服务提供环节上更具有专业化优势，但其对国内企业的技术溢出效应有限，大量进口国外服务不利于企业自主创新能力的提升，导致企业价格加成的降低。

（2）区分不同服务要素投入的检验。考虑到服务中间投入的差异，本章主要从批发零售服务投入、运输服务投入、信息和通信服务投入、金融保险服务投入、专业科学技术服务投入五个方面分析不同类别服务要素投入对企业价格加成的影响。表5-3列（3）~列（7）的估计结果显示，批发零售服务投入的估计系数为负，金融保险服务投入的影响系数为正，但均未通过10%的显著性检验；而运输服务投入、信息和通信服务投入，以及专业科学技术服务投入对企业价格加成的影响显著为正。批发零售服务投入虽然有利于缩短生产商与消费者之间的距离，但其属于劳动密集型的传统服务行业，我国批发零售服务业仍存在内部结构不合理、专业人才缺乏等问题，技术创新能力较低，因此对企业价格加成的促进效应不显著。运输服务投入有利于企业有效地调整生产要素，减少出口交货时间成本（Moreno et al.，2002；王永进等，2010），从而提高价格加成。信息和通信服务投入对提高制造企业的生产效率、创新交易方式、降低信息沟通成本和信息不确定性具有不可估量的重要作用。如随着互联网的普及和企业信息化水平的提高，越来越多的制造业企业在采购和销售等环节采用电子商务；而且随着信息技术应用的不断深化，企业推动硬件产品与数字内容服务整合的步伐也不断加快，以提升产品运行质量和效率为目标的在线支持服务逐步展开，延长了产品价值链，逐步实现企业从产品制造向产品增值服务转型，因此信息和通信投入服务化对企业价格加成的影响显著为正。金融保险投入服务化水平的提升将有助于提高资金使用效率，使资金流向效率更高的制造业企业（张艳等，2013），然而由于我国金融、科学技术提供商的市场垄断在一定程度上阻碍了市场竞争和产品创新,企业服务中间投入的增强将增加其生产成本,导致金融保险服务投入对价格加成的促进作用尚不显著。专业科学和技术能力是提高企业产品价值的重要基础,随着区域性、行业性、专业化的研发设计服务平台的不断涌现,为中小企业提供行业标准、专业设计、基础数据模型等服务(安筱鹏,2012),更大限度地提高产品质量和降低生产成本,促进企业价格加成提升。

表5-3 基于服务投入国内外来源和要素投入异质性的回归结果

	(1)	(2)	(3)	(4)	(5)	(6)	(7)
	国内服务投入	国外服务投入	批发零售服务投入	运输服务投入	信息和通信服务投入	金融保险服务投入	专业科学技术服务投入
ser	1.7447***	-0.2463***	-0.0652	3.3695***	3.7532***	0.1114	3.0235***
	(0.0506)	(0.0328)	(0.1541)	(0.0962)	(0.1785)	(0.1293)	(0.1208)
lnage	-0.0215***	-0.0220***	-0.0219***	-0.0216***	-0.0214***	-0.0214***	-0.0218***
	(0.0004)	(0.0004)	(0.0004)	(0.0004)	(0.0004)	(0.0004)	(0.0004)
lnl	0.0172***	0.0175***	0.0176***	0.0172***	0.0174***	0.0173***	0.0176***
	(0.0004)	(0.0004)	(0.0004)	(0.0004)	(0.0004)	(0.0004)	(0.0004)
lntfp	0.5892***	0.5919***	0.5911***	0.5876***	0.5925***	0.5924***	0.5896***
	(0.0085)	(0.0084)	(0.0085)	(0.0084)	(0.0085)	(0.0085)	(0.0084)
lncapital	0.0172***	0.0172***	0.0173***	0.0172***	0.0172***	0.0172***	0.0173***
	(0.0002)	(0.0002)	(0.0002)	(0.0002)	(0.0002)	(0.0002)	(0.0002)
exp	0.0026***	0.0024***	0.0025***	0.0027***	0.0024***	0.0025***	0.0025***
	(0.0004)	(0.0004)	(0.0004)	(0.0004)	(0.0004)	(0.0004)	(0.0004)
hhi	0.0478***	0.0365***	0.0435***	0.0380***	0.0440***	0.0485***	0.0474***
	(0.0098)	(0.0097)	(0.0098)	(0.0097)	(0.0097)	(0.0098)	(0.0097)
ownership	Yes	Yes	Yes	Yes	Yes	Yes	Yes
企业效应	Yes	Yes	Yes	Yes	Yes	Yes	Yes
年份效应	Yes	Yes	Yes	Yes	Yes	Yes	Yes
观测值	1143133	1143133	1143133	1143133	1143133	1143133	1143133
R^2	0.8655	0.8659	0.8657	0.8659	0.8656	0.8655	0.8657

(3)区分企业技术水平的检验。基于不同行业产品技术特征的差异,根据国家统计局《技术产业(制造业)分类》(2013),本章将观测样本按企业所在

行业分为高技术企业和低技术企业，表5-4列（1）和列（2）报告了回归结果。可以看出，全球价值链视角下的制造业投入服务化显著促进了高技术企业价格加成的提升，而对低技术企业价格加成的影响却为负。上述结果可能的解释是，高技术制造企业具有知识和技术密集型特征，对与产品制造相关的研发、设计、金融、信息服务等高端服务需求较强，敏感度更高，服务中间投入的增强有助于推动具有创新性的新产品发展（安筱鹏，2012），从而对企业价格加成具有更强的提升作用。低技术企业的产品仍处于产业链低端，对服务中间投入的需求大多停留在批发零售、运输等低端服务领域，对高端服务需求层次较低、需求规模较小，服务投入水平的提升将增加其生产成本，导致企业价格加成的降低。

表5-4 基于企业技术水平和地区异质性的回归结果

	（1）	（2）	（3）	（4）	（5）
	高技术企业	低技术企业	东部地区	中部地区	西部地区
ser	0.5069 ***	− 0.1639 ***	0.3727 ***	0.2308 ***	− 0.0813
	（0.0942）	（0.0264）	（0.0297）	（0.0785）	（0.0977）
lnage	− 0.0247 ***	− 0.0213 ***	− 0.0217 ***	− 0.0247 ***	− 0.0149 ***
	（0.0019）	（0.0005）	（0.0005）	（0.0011）	（0.0013）
lnl	0.0198 ***	0.0172 ***	0.0151 ***	0.0264 ***	0.0197 ***
	（0.0020）	（0.0004）	（0.0005）	（0.0012）	（0.0018）
lntfp	0.8868 ***	0.6629 ***	0.5598 ***	0.6495 ***	0.6798 ***
	（0.0205）	（0.0114）	（0.0095）	（0.0227）	（0.0293）
lncapital	0.0197 ***	0.0174 ***	0.0173 ***	0.0173 ***	0.0176 ***
	（0.0010）	（0.0002）	（0.0003）	（0.0006）	（0.0008）
exp	0.0005	0.0016 ***	0.0027 ***	− 0.0012	0.0034
	（0.0018）	（0.0004）	（0.0005）	（0.0012）	（0.0024）
hhi	0.1141 ***	0.0235 **	0.0520 ***	− 0.0045	0.1157 ***
	（0.0345）	（0.0106）	（0.0108）	（0.0276）	（0.0341）
ownership	Yes	Yes	Yes	Yes	Yes
企业效应	Yes	Yes	Yes	Yes	Yes
年份效应	Yes	Yes	Yes	Yes	Yes
观测值	73659	1063365	857452	179669	105993
R^2	0.8789	0.8692	0.8700	0.8462	0.8704

（4）区分企业所在地区的检验。考虑到中国服务业发展的区域差距比较显著，为进一步考察不同地区制造业投入服务化对企业价格加成的差异性影响，本章按照所在地域将企业划分为东部、中部和西部进行分组检验①。表 5 - 4 列（3）~ 列（5）报告的估计结果显示，对于东中部地区企业，制造业投入服务化的估计系数均显著为正，且东部地区的影响系数大于中部地区，而西部地区的估计系数未通过显著性检验。可能的原因在于，一方面，东中部地区尤其是东部地区的服务业开放和发展水平远高于西部地区，企业价格加成普遍偏高②，企业质量升级的意愿以及对制造业投入服务化的敏感度更高，能够从制造业服务化中获得更多的成本降低和技术创新效应，从而对价格加成的促进作用更强。另一方面，西部地区服务业发展较慢，企业的技术吸收和研发水平较低，制造业投入服务化给企业带来的成本降低和技术创新效应较小，因此对西部地区企业价格加成的影响尚不显著。

（5）区分企业出口状态的检验。表 5 - 5 列（1）和列（2）报告了基于企业出口状态的分组检验结果，可以发现，出口企业的影响系数在 1% 水平上显著为正，而非出口企业的影响系数在 10% 水平上不显著，意味着制造业投入服务化对是否出口企业价格加成的影响存在差异，对出口企业价格加成的提升具有显著的促进作用，而对非出口企业价格加成的影响不显著。一方面，通过"选择效应"进入国际市场的企业具有更高的生产率（Bernard and Jensen，1999；Melitz，2003），能够更好转化创新成果，制造业投入服务化对其价格加成的提升作用更强。另一方面，出口企业面临更激烈的国内和国外市场竞争，"竞争效应"促使企业通过投入服务化研发更高质量的产品（Kugler and Verhoogen，2012），从而获得更高的价格加成（诸竹君等，2017），而且大量企业涌入国际市场，抬高了工资等生产要素价格（叶宁华等，2014；盛丹和陆毅，2016），迫使企业通过研发降低成本，从而提高价格加成。

---

① 东部地区包括北京、天津、河北、辽宁、上海、江苏、浙江、福建、山东、广东、海南；中部地区包括山西、吉林、黑龙江、安徽、江西、河南、湖北、湖南；西部地区包括内蒙古、广西、重庆、四川、贵州、云南、西藏、陕西、甘肃、青海、宁夏、新疆。

② 基于本章实证样本测度，东部地区企业的平均价格加成为 1.2739，中部地区平均价格加成为 1.2654，而西部地区平均价格加成为 1.2343。

表 5 - 5　基于企业出口状态和所有制异质性的回归结果

	（1）	（2）	（3）	（4）	（5）
	出口企业	非出口企业	国有企业	民营企业	外资企业
ser	0.8607***	0.0173	-0.7607***	0.0930***	0.8798***
	(0.0519)	(0.0329)	(0.1428)	(0.0290)	(0.0689)
lnage	-0.0133***	-0.0240***	-0.0051**	-0.0224***	-0.0469***
	(0.0009)	(0.0005)	(0.0020)	(0.0005)	(0.0017)
lnl	0.0171***	0.0186***	0.0400***	0.0159***	0.0157***
	(0.0009)	(0.0005)	(0.0029)	(0.0005)	(0.0012)
lntfp	0.7402***	0.4832***	0.9555***	0.5160***	0.6775***
	(0.0188)	(0.0093)	(0.0352)	(0.0091)	(0.0227)
lncapital	0.0264***	0.0144***	0.0160***	0.0165***	0.0265***
	(0.0005)	(0.0003)	(0.0015)	(0.0002)	(0.0007)
exp	—		0.0007	-0.0013***	0.0101***
			(0.0032)	(0.0005)	(0.0010)
hhi	0.1177***	0.0192*	0.0894**	0.0327***	0.0888***
	(0.0243)	(0.0105)	(0.0397)	(0.0100)	(0.0318)
ownership	Yes	Yes	No	No	No
企业效应	Yes	Yes	Yes	Yes	Yes
年份效应	Yes	Yes	Yes	Yes	Yes
观测值	282169	798155	65051	881877	169617
R^2	0.8953	0.8646	0.8635	0.8641	0.8700

（6）区分企业所有制的检验。表 5 - 5 列（3）～列（5）报告了区分国有、民营和外资所有制类型的分组回归结果。估计结果显示，对于民营和外资企业，制造业投入服务化的估计系数在 1% 水平显著为正，而国有企业的影响系数却显著为负，表明制造业投入服务化对民营和外资企业价格加成的提升作用更强，而对国有企业还未产生显著的促进效应。上述结果可能的解释在于，一方面，相较于国有企业，外资企业面临更为广泛和激烈的市场竞争，在其服务中间投入中对研发、设计、信息、金融等高端服务需求的敏感度更高，而且更熟悉国际市场，因此更容易获得制造业投入服务化的成本降低和技术创新效应的积极影响；另一方面，与民营企业相比，由于长期受计划体制庇护，国有企业存在较大的"生产

效率"和"创新效率"双重损失（吴延兵，2012），总体上缺乏学习和创新的动力，从服务中间投入中获得技术创新效应的效率低下，因而制造业投入服务化的增强还未带来国有企业价格加成的提高。

二、影响机制检验

上文实证检验的结果发现，全球价值链视角下的制造业投入服务化显著提高了企业的价格加成定价能力。为进一步探讨制造业投入服务化影响企业价格加成的机制，根据理论分析内容，本章选取企业成本（c）和技术创新（innovation）作为中介变量，构建中介效应模型对可能的传导机制进行检验。利用 Baron 和 Kenny（1986）提出的"三步法"对传导渠道进行检验：首先，检验自变量（ser）对因变量（mkp）的影响；其次，检验自变量对中介变量（c，innovation）的影响；最后，检验自变量和中介变量对因变量共同的影响。据此，本章设立的中介效应模型如下：

$$\text{mkp}_{it} = \alpha_1 + \beta_1 \text{ser}_{jt} + \gamma_1 Z + \delta_i + \delta_t + \varepsilon_{it} \qquad (5-23)$$

$$M_{it} = \alpha_2 + \beta_2 \text{ser}_{jt} + \gamma_2 Z + \delta_i + \delta_t + \varepsilon_{it} \qquad (5-24)$$

$$\text{mkp}_{it} = \alpha_3 + \beta_3 \text{ser}_{jt} + \beta_4 M_{it} + \gamma_3 Z + \delta_i + \delta_t + \varepsilon_{it} \qquad (5-25)$$

其中，M 为中介变量。借鉴刘斌和王乃嘉（2016）的方法，本章利用管理费用、财务费用、主营业务成本、销售费用、主营业务应付工资总额以及主营业务应付福利费总额的总和取自然对数，来衡量企业成本（c）。采用企业新产品产值与工业总产值的比值来衡量技术创新（innovation）。

表5-6报告了影响机制检验结果。其中，列（1）和列（4）报告了总体效应估计结果，由于模型（1）未包括企业成本为缺失值的样本，模型（4）检验未包括2004年，导致核心解释变量的影响系数大小与基本回归有所差异，但其呈现的正向影响效应与本章基本回归结果一致。列（2）表明制造业投入服务化对企业成本的影响系数在1%水平显著为负，意味着制造业投入服务化可以降低企业成本。列（5）估计结果显示，制造业投入服务化对企业技术创新的影响系数在1%水平上显著为正，说明服务化对企业技术创新具有正向促进作用。列（3）和列（6）分别为成本和技术创新作为中介变量时模型（5-25）的检验结果，可以发现制造业投入服务化的影响系数分别由总体效应检验的 0.2760 和

0.3589 下降至 0.2656 和 0.3490。结果表明，企业成本和技术创新是制造业投入服务化影响企业价格加成可能的中介变量。

表 5-6　影响机制检验结果

	(1)	(2)	(3)	(4)	(5)	(6)
	mkp	c	mkp	mkp	innovation	mkp
ser	0.2760***	-3.5862***	0.2656***	0.3589***	0.2577***	0.3490***
	(0.0269)	(0.5885)	(0.0241)	(0.0300)	(0.0378)	(0.0300)
c	—	—	-0.0029***	—	—	—
			(0.0006)			
innovation	—	—	—	—	—	0.0384***
						(0.0062)
lnage	-0.0216***	-0.0468	-0.0216***	-0.0197***	-0.0035***	-0.0197***
	(0.0004)	(0.0546)	(0.0004)	(0.0005)	(0.0005)	(0.0005)
lnl	0.0177***	-0.0266***	0.0177***	0.0186***	0.0055***	0.0186***
	(0.0004)	(0.0079)	(0.0004)	(0.0005)	(0.0005)	(0.0005)
lntfp	0.5890***	0.7916**	0.5889***	0.5594***	0.0091***	0.5594***
	(0.0085)	(0.3675)	(0.0085)	(0.0088)	(0.0029)	(0.0088)
lncapital	0.0173***	-0.0230	0.0173***	0.0183***	0.0017***	0.0183***
	(0.0002)	(0.0200)	(0.0002)	(0.0003)	(0.0003)	(0.0003)
exp	0.0026***	-0.2452*	0.0027***	0.0008	0.0262***	0.0009
	(0.0004)	(0.1298)	(0.0004)	(0.0006)	(0.0008)	(0.0006)
hhi	0.0487***	-1.1237	0.0488***	0.0822***	-0.0202*	0.0822***
	(0.0098)	(0.9389)	(0.0098)	(0.0107)	(0.0123)	(0.0107)
ownership	Yes	Yes	Yes	Yes	Yes	Yes
企业效应	Yes	Yes	Yes	Yes	Yes	Yes
年份效应	Yes	Yes	Yes	Yes	Yes	Yes
观测值	1142575	1142575	1142575	931143	931143	931143
R^2	0.8659	0.2258	0.8659	0.8817	0.7039	0.8817

注：模型（1）未包括 c 为缺失值的样本；此外，由于数据库未提供 2004 年的新产品产值，模型（4）～（6）的检验未包括 2004 年。

上述检验结果可能的解释是，一方面，制造业企业通过投入的服务化，将非核心业务外包，提高产品研发、设计、运输、售后等服务效率，降低了产品全生命周期的运行成本，推进企业将其财力和精力专注于高知识和技术密集型产品生产，从而促进企业价格加成率的提升；另一方面，制造业投入服务化有助于增强企业的技术创新能力，不断强化产品和商业模式创新，推动企业出口产品向高技术复杂度攀升，从而促进企业价格加成的提升。

本章小结

本章基于 WIOD（2016）公布的 2000~2014 年 56 个部门的投入产出数据，以及 2000~2007 年中国工业企业数据库，测算了全球价值链视角下中国各制造行业的投入服务化程度，以及制造业企业的价格加成率，考察了全球价值链视角下制造业投入服务化对企业价格加成的影响效应和作用机制。研究结果显示：

（1）全球价值链视角下的制造业投入服务化促进了企业价格加成率的提升，这一结论对于不同的指标测度、考虑可能出现的极端值以及处理内生性问题等影响后依然稳健。通过识别服务投入国内外来源的检验发现，国内服务投入的增强将显著促进企业价格加成的提升，而国外服务投入对企业价格加成的影响显著为负。

（2）基于服务要素投入异质性的检验结果表明，运输服务投入、信息和通信服务投入，以及专业科学技术服务投入对企业价格加成的影响显著为正，而批发零售服务投入和金融保险服务投入的影响均不显著。区分不同技术水平、不同地区、不同所有制类型，以及企业是否出口时，制造业投入服务化对企业价格加成率的异质性影响，发现全球价值链视角下的制造业投入服务化显著促进了高技术企业价格加成的提升，而对低技术企业价格加成的影响为负；东中部地区企业的影响系数均显著为正，但西部地区企业的影响尚不显著；相较于服务投入对出口企业价格加成的正向影响，非出口企业的这一影响为负；此外，制造业投入服务化对民营和外资企业价格加成的提升作用更强，而对国有企业还未产生显著的促进效应。

（3）通过构建中介效应模型检验制造业投入服务化对企业价格加成的影响机制发现，成本降低和技术创新是制造业投入服务化提高企业价格加成的可能渠道。

第六章　制造业投入服务化、出口产品密度转换与企业绩效

第一节　引言

作为国际贸易领域的一种常态，企业出口多种产品以及企业内部产品转换日益频繁，通过产品转换行为有助于实现异质性产品间的资源配置。产品转换是促进总体产业生产效率提升的重要渠道，有利于实现要素配置在产业内的调整和产业间的跃升，从而提升经济增长的数量和质量，对外贸供给侧结构性改革具有重要意义。而随着国际分工的日益深化和信息技术的不断发展，制造业与服务融合的步伐不断加快，全球制造业呈现出制造业服务化的趋势。制造业投入服务化意味着服务在制造业的全部投入中占据着越来越重要的地位，可以丰富制造企业的产品内涵，提供包括研发设计、营销、咨询、会计、法律等服务，推动高知识密集、高技术密集产品的生产，促进制造业的结构升级（安筱鹏，2012）。2016年工业和信息化部等三部门联合发布的《发展服务型制造专项行动指南》提出"促进服务型制造发展，有利于改善供给体系质量和效益，破解产能低端过剩和高端不足并存的矛盾，是供给侧结构性改革的新举措。"

由于企业出口多种产品是对外贸易领域的一种常态，企业内产品转换行为是实现资源优化配置的方式（Bernard et al.，2011），且多产品的企业的产品转换

行为对贸易结构、贸易增长和贸易利得都有着重要影响（易靖韬等，2017）。那么，作为供给侧结构性改革的重要内容，制造业投入服务化是否会对企业出口产品的要素密度变动产生影响？这一影响在基于服务投入国内外来源、不同服务要素投入和企业不同地区、贸易模式及所有制类型下的影响是否存在差异性？这一影响效应随外部制度环境的变化是否存在差异？以及企业出口产品的要素密度转换行为会对企业绩效产生怎样的影响？

为了探究以上问题，本章基于 2000～2010 年中国工业企业数据库、中国海关进出口数据库和世界投入产出数据库，通过构建测算出口企业的产品要素密度变动指标，以及全球价值链视角下的制造业投入服务化指标，对我国制造业投入服务化水平及企业出口产品的要素密度转换行为进行细致的特征描述，分析了制造业投入服务化对企业出口产品的要素密度变动的影响，并进一步深入探讨了制度环境对这一影响可能的调节效应，以及企业出口产品密度转换行为的经济效应。

与现有研究相比，本章可能的贡献主要体现在以下方面。第一，本章基于产品的要素密度分类方法，细致刻画了我国制造业企业出口产品的要素密度转换的行为特征，弥补了鲜有文献对我国制造业企业出口产品的要素密度转换行为进行科学界定与详细刻画的不足。第二，率先从微观层面探讨了全球价值链视角下的制造业投入服务化对企业出口产品密度转换的影响，并区分服务投入国内外来源、不同服务要素投入、企业不同地区、贸易模式及所有制类型，甄别了制造业投入服务化对企业出口产品密度转换行为的异质性影响，丰富了相关领域的研究范畴。第三，利用企业出口国内增加值率和价格加成，进一步探究了出口产品的密度转换对企业绩效的具体影响，此外，将作为外部制度环境的市场化进程和服务业开放程度，与制造业投入服务化纳入统一的分析框架，考察了制度环境对制造业投入服务化与企业出口产品密度转换之间关系的调节效应。

第二节　研究设计与数据处理

一、模型设定与变量选取

本章要论证的核心问题之一是制造业投入服务化对企业出口产品密度转换的影响，根据本章的研究目标，在已有研究基础上将基本计量模型设定为：

$$switch_{it} = \alpha + \beta ser_{jt} + \gamma Z + \delta_i + \delta_t + \varepsilon_{it} \qquad (6-1)$$

其中，i 表示企业，j 表示企业所属制造行业，t 表示年份。$switch_{it}$ 为企业 i 在 t 年的出口产品密度转换，反映企业不同要素密度的出口种类间的转换情况，具体测度方法将在下文详细介绍。ser_{jt} 表示制造业投入服务化指标，测算方法将在下文详细说明。Z 为控制变量，为了尽可能控制其他可能影响出口产品密度转换的因素，本章还对企业和行业层面的特征加以控制。企业层面特征变量主要包括：企业存续年限（lnage），采用当年年份与企业成立年份的差值，变量取对数。企业规模（lnl），采用企业职工人数取对数衡量。企业全要素生产率（lntfp），目前学者们通常采用 Olley – Pakes（OP）方法或 Levinsohn – Petrin（LP）方法来估计企业 TFP。然而考虑到数据库中未提供 2008 年和 2009 年的工业增加值，以及 2008 ~ 2010 年的中间投入信息，囿于数据限制，本章使用 Head 和 Ries（2003）提出的近似全要素生产率的估计方法。估计方程为 $tfp = \ln(y/l) - s \times \ln(k/l)$，其中，y 以企业的工业总产值近似替代，l 为企业职工人数，k 为固定资产总额，s 为生产函数中资本的贡献度，将 s 设定为 1/3（Hall and Jones，1999）。为使 TFP 符合正态分布以及降低样本个体之间的异方差等，本章对通过测算得出的 TFP 进行了对数化处理。资本密集度（lncapital），利用固定资产总额与企业从业人数的比值来衡量。企业所有制类型虚拟变量（ownership），根据注册资本所占比重，将企业分为国有、集体、独立法人、私人、中国港澳台外资和其他外资企业。行业层面的控制变量利用赫芬达尔指数（hhi），即用所有企业市场份额（主营业务收入占所有企业主营业务之和的份额）的平方和来衡量行业竞争程度。

此外，δ_i 表示企业固定效应，δ_t 表示年份固定效应，δ_{it} 为随机扰动项。考虑到制造业投入服务化程度是行业层面数据，企业出口产品密度转换是企业层面数据，这种数据结构可能低估统计误差，因此模型使用企业所属行业的聚类标准差加以纠正。

二、核心指标测度

（1）制造业投入服务化（ser）。关于制造业投入服务化的测度指标，目前学术界较为常用和比较规范的方法主要聚焦于三个层面：一是基于省际或城市层面的生产性服务业发展水平展开的，主要包括：省际层面的服务业全要素生产率（王恕立等，2015），服务业增加值比重（程大中，2008），或者城市层面生产性服务业的从业人数占比（江静等，2007；顾乃华，2010；李敬子等，2015）等。二是基于行业层面的投入产出分析，目前学者们主要采用投入产出中的直接消耗系数法和完全消耗系数法进行测度（杨玲，2015；刘斌等，2016；许和连等，2017）。三是基于微观企业层面，利用企业的服务投入情况或服务业务收入占比来衡量（Neely，2008；徐振鑫等，2016）。考虑到全球价值链生产和分工背景下，制造业投入服务化可视为制造业内涵服务价值，本章借鉴戴翔（2016），使用 WIOD（2016）公布的 2000～2014 年 56 个部门的投入产出数据，采用中国制造业出口内涵的服务投入增值率来衡量中国制造业投入服务化水平，并对服务投入水平进行国内外分解。

假设两个国家两个部门，基于经典全球投入产出框架（Koopman et al.，2014）：

$$\begin{bmatrix} x_1^s \\ x_2^s \\ x_1^r \\ x_2^r \end{bmatrix} = \begin{bmatrix} a_{11}^{ss} & a_{12}^{ss} & a_{11}^{sr} & a_{12}^{sr} \\ a_{21}^{ss} & a_{22}^{ss} & a_{21}^{sr} & a_{22}^{sr} \\ a_{11}^{rs} & a_{12}^{rs} & a_{11}^{rr} & a_{12}^{rr} \\ a_{21}^{rs} & a_{22}^{rs} & a_{21}^{rr} & a_{22}^{rr} \end{bmatrix} \begin{bmatrix} x_1^s \\ x_2^s \\ x_1^r \\ x_2^r \end{bmatrix} + \begin{bmatrix} y_1^s \\ y_2^s \\ y_1^r \\ y_2^r \end{bmatrix} \qquad (6-2)$$

其中，上标 s、r 表示国家，s 是来源地，r 是目的地。设 a 的下标为 m、n，且 m，n $\in$ {1，2}，m 表示产品的来源行业部门，n 表示产品的使用行业部门。

$$X = \begin{bmatrix} x_1^s \\ x_2^s \\ x_1^r \\ x_2^r \end{bmatrix}, \text{为总产出列向量。} A = \begin{bmatrix} a_{11}^{ss} & a_{12}^{ss} & a_{11}^{sr} & a_{12}^{sr} \\ a_{21}^{ss} & a_{22}^{ss} & a_{21}^{sr} & a_{22}^{sr} \\ a_{11}^{rs} & a_{12}^{rs} & a_{11}^{rr} & a_{12}^{rr} \\ a_{21}^{rs} & a_{22}^{rs} & a_{21}^{rr} & a_{22}^{rr} \end{bmatrix}, \text{为直接消耗系数矩}$$

阵。$Y = \begin{bmatrix} y_1^s \\ y_2^s \\ y_1^r \\ y_2^r \end{bmatrix}$，为最终需求列向量。通过矩阵运算可以得到：

$$X = (I - A)^{-1}Y = BY \qquad\qquad (6-3)$$

$B = (I - A)^{-1}$ 为里昂惕夫逆矩阵（Leontief 逆），表示完全消耗系数矩阵。

定义直接增加值率系数为：

$$v_1^s = 1 - a_{11}^{ss} - a_{21}^{ss} - a_{11}^{rs} - a_{21}^{rs} \qquad\qquad (6-4)$$

$$v_2^s = 1 - a_{12}^{ss} - a_{22}^{ss} - a_{12}^{rs} - a_{22}^{rs} \qquad\qquad (6-5)$$

$$v_1^r = 1 - a_{11}^{sr} - a_{21}^{sr} - a_{11}^{rr} - a_{21}^{rr} \qquad\qquad (6-6)$$

$$v_2^r = 1 - a_{12}^{sr} - a_{22}^{sr} - a_{12}^{rr} - a_{22}^{rr} \qquad\qquad (6-7)$$

记 $V = \begin{pmatrix} v_1^s \\ v_2^s \\ v_1^r \\ v_2^r \end{pmatrix}$ 为增加值率系数列向量，则 $\hat{V} = \begin{pmatrix} v_1^s & 0 & 0 & 0 \\ 0 & v_2^s & 0 & 0 \\ 0 & 0 & v_1^r & 0 \\ 0 & 0 & 0 & v_2^r \end{pmatrix}$ 为增加值率系数

列向量的对角化。进一步地，定义增加值贸易核算系数矩阵：

$$\hat{V}B = \begin{pmatrix} v_1^s & 0 & 0 & 0 \\ 0 & v_2^s & 0 & 0 \\ 0 & 0 & v_1^r & 0 \\ 0 & 0 & 0 & v_2^r \end{pmatrix} \begin{pmatrix} b_{11}^{ss} & b_{12}^{ss} & b_{11}^{sr} & b_{12}^{sr} \\ b_{21}^{ss} & b_{22}^{ss} & b_{21}^{sr} & b_{22}^{sr} \\ b_{11}^{rs} & b_{12}^{rs} & b_{11}^{rr} & b_{12}^{rr} \\ b_{21}^{rs} & b_{22}^{rs} & b_{21}^{rr} & b_{22}^{rr} \end{pmatrix}$$

$$= \begin{pmatrix} v_1^s b_{11}^{ss} & v_1^s b_{12}^{ss} & v_1^s b_{11}^{sr} & v_1^s b_{12}^{sr} \\ v_2^s b_{21}^{ss} & v_2^s b_{22}^{ss} & v_2^s b_{21}^{sr} & v_2^s b_{22}^{sr} \\ v_1^r b_{11}^{rs} & v_1^r b_{12}^{rs} & v_1^r b_{11}^{rr} & v_1^r b_{12}^{rr} \\ v_2^r b_{21}^{rs} & v_2^r b_{22}^{rs} & v_2^r b_{21}^{rr} & v_2^r b_{22}^{rr} \end{pmatrix} \qquad (6-8)$$

记 $E = \begin{pmatrix} E_1^s & 0 & 0 & 0 \\ 0 & E_2^s & 0 & 0 \\ 0 & 0 & E_1^r & 0 \\ 0 & 0 & 0 & E_2^r \end{pmatrix}$ 为国家各行业出口额的对角矩阵,进一步地:

$$\hat{V}BE = \begin{pmatrix} v_1^s b_{11}^{ss} & v_1^s b_{12}^{ss} & v_1^s b_{11}^{sr} & v_1^s b_{12}^{sr} \\ v_2^s b_{21}^{ss} & v_2^s b_{22}^{ss} & v_2^s b_{21}^{sr} & v_2^s b_{22}^{sr} \\ v_1^r b_{11}^{rs} & v_1^r b_{12}^{rs} & v_1^r b_{11}^{rr} & v_1^r b_{12}^{rr} \\ v_2^r b_{21}^{rs} & v_2^r b_{22}^{rs} & v_2^r b_{21}^{rr} & v_2^r b_{22}^{rr} \end{pmatrix} \begin{pmatrix} E_1^s & 0 & 0 & 0 \\ 0 & E_2^s & 0 & 0 \\ 0 & 0 & E_1^r & 0 \\ 0 & 0 & 0 & E_2^r \end{pmatrix}$$

$$= \begin{pmatrix} v_1^s b_{11}^{ss} E_1^s & v_1^s b_{12}^{ss} E_2^s & v_1^s b_{11}^{sr} E_1^r & v_1^s b_{12}^{sr} E_2^r \\ v_2^s b_{21}^{ss} E_1^s & v_2^s b_{22}^{ss} E_2^s & v_2^s b_{21}^{sr} E_r & v_2^s b_{22}^{sr} E_2^r \\ v_1^r b_{11}^{rs} E_1^s & v_1^r b_{12}^{rs} E_2^s & v_1^r b_{11}^{rr} E_1^r & v_1^r b_{12}^{rr} E_2^r \\ v_2^r b_{21}^{rs} E_1^s & v_2^r b_{22}^{rs} E_2^s & v_2^r b_{21}^{rr} E_1^r & v_2^r b_{22}^{rr} E_2^r \end{pmatrix} \qquad (6-9)$$

其中,矩阵对角线元素中的 $\begin{pmatrix} v_1^s b_{11}^{ss} E_1^s & v_1^s b_{12}^{ss} E_2^s \\ v_2^s b_{21}^{ss} E_1^s & v_2^s b_{22}^{ss} E_2^s \end{pmatrix}$ 是国家 s 出口国内增加值部

分,$\begin{pmatrix} v_1^r b_{11}^{rr} E_1^r & v_1^r b_{12}^{rr} E_2^r \\ v_2^r b_{21}^{rr} E_1^r & v_2^r b_{22}^{rr} E_2^r \end{pmatrix}$ 是国家 r 出口国内增加值部分;而矩阵元素中除对角线以

外的项 $\begin{pmatrix} v_1^r b_{11}^{rs} E_1^s & v_1^r b_{12}^{rs} E_2^s \\ v_2^r b_{21}^{rs} E_1^s & v_2^r b_{22}^{rs} E_2^s \end{pmatrix}$ 是国家 s 出口国外增加值部分,$\begin{pmatrix} v_1^s b_{11}^{sr} E_1^r & v_1^s b_{12}^{sr} E_2^r \\ v_2^s b_{21}^{sr} E_1^r & v_2^s b_{22}^{sr} E_2^r \end{pmatrix}$ 是国

家 r 出口国外增加值部分。

假设部门 1 是服务业部门,部门 2 是制造业部门,可得到:

国家 s 的制造业出口中内含的服务业国内增加值为 $v_1^s b_{12}^{ss} E_2^s$,国家 s 的制造业

出口中的服务业国外增加值为 $v_1^r b_{12}^{rs} E_2^s$。本章利用制造业出口内含的服务业增加值与出口增加值的比值，即制造业出口内含的服务投入增值率，来衡量全球价值链视角下的制造业投入服务化水平；利用制造业出口内含的服务业国内增加值率和国外增加值率，来分别测度全球价值链视角下制造业的国内和国外服务投入。

（2）企业出口产品要素密度转换（switch）。为详细刻画企业出口产品在不同要素密度间的转换，本章主要借鉴钱学锋和王备（2017）的方法，按照产品的要素密度分类方法对企业出口产品种类进行划分。利用 2000~2010 年中国海关进出口数据库，借鉴 Lall（2000）对产品的分类方法，参照 UN COMTRADE 数据库提供的 HS 与 SITC 贸易产品之间的详细转化表，将 HS-6 分位与 SITC-3 分位编码进行对接，从而将企业出口产品按要素密度（Level）划分为十大类。其中包括：初级产品（Level = 1），农业资源性产品（Level = 2），其他资源性产品（Level = 3），纺织服装和鞋类产品（Level = 4），其他低技术产品（Level = 5），陆用车辆（Level = 6），加工产品（Level = 7），工程产品（Level = 8），电力设备（Level = 9），其他高技术产品（Level = 10），Level 值越大表示出口产品的要素密度越高。以前一年为基期，测算出连续两年持续存在的企业出口产品种类的要素密度范围，以及同一企业出口产品种类中要素密度最高值 $Level_{max}$ 和最低值 $Level_{min}$。进一步地，计算连续两个时期相同企业出口产品种类中要素密度最高的 $Level_{max}$ 值的差（d_{max}），$d_{max} = Level_{max}^{t+1} - Level_{max}^{t}$，以及企业出口产品种类中要素密度最低的 $Level_{min}^{t}$ 值的差（d_{min}），$d_{min} = Level_{min}^{t+1} - Level_{min}^{t}$。对于出口产品要素密度转换行为，本书的具体定义如下：

（1）$d_{max} = 0$ 且 $d_{min} = 0$，表示企业出口产品要素密度不变。

（2）$d_{max} > 0$ 且 $d_{min} \geq 0$，或 $d_{max} = 0$ 且 $d_{min} > 0$，表示企业出口产品要素密度上升。

（3）$d_{max} < 0$ 且 $d_{min} \leq 0$，或 $d_{max} = 0$ 且 $d_{min} < 0$，表示企业出口产品要素密度下降。

（4）$d_{max} > 0$ 且 $d_{min} < 0$，或 $d_{max} < 0$ 且 $d_{min} > 0$，表示企业出口产品要素密度既上升又下降。

根据上述定义，本章分别采用 switch、switch_ up、switch_ down、switch_ mix 四种变化来衡量企业出口产品的要素密度转换状况。其中，switch 表示相比第 t 年，若企业在 t + 1 年出口产品要素密度发生了变化则取值为 1，反之为 0。switch_ up 表示相比第 t 年，若企业在 t + 1 年出口产品要素密度上升了则取值为 1，反之为 0。switch_ down 表示企业相比第 t 年，若在 t + 1 年企业出口产品的要素密度下降了则取值为 1，反之为 0。switch_ mix 表示相比第 t 年，若在 t + 1 年企业出口产品的要素密度既上升又下降则取值为 1，反之为 0。

三、数据来源与处理

本章主要使用世界投入产出数据库 2016 年公布的 2000 ~ 2010 年 56 个部门的投入产出数据，以及中国工业企业数据库和中国海关进出口数据库的相关数据。企业层面所需要的数据借鉴已有研究进行了处理。世界投入产出表中的 c5 ~ c22 为本书研究的制造行业，c28 ~ c56 为服务行业。考虑到不同数据库的行业分类标准存在一定差异，本章将国际标准行业分类与国内制造业部门分类运用行业名称进行对照整合。

第三节 实证分析与稳健性检验

一、基本回归结果

表 6 - 1 报告了制造业投入服务化对企业出口产品要素密度转换的基本估计结果。表 6 - 1 列（1）给出了出口产品密度是否发生转变（switch）作为被解释变量的回归结果，结果显示，在加入企业和行业层面控制变量，并固定企业个体和年份效应的情况下，制造业投入服务化对出口企业是否发生产品密度转换（switch）的影响在 5% 水平显著为正，说明制造业企业的服务中间投入促进了其出口产品要素密度的转换。列（2）给出了出口产品要素密度上升（switch_ up）作为被解释变量的估计结果，可以看出，同时控制企业和年份效应后，制造业投入服务化与企业出口产品密度上升存在显著的正向关系，表明企业服务投入的增强有助于企业出口要素密度更高的产品。列（3）为出口产品要素密度下降

（switch_ down）作为被解释变量的回归结果，结果可知，制造业投入服务化对出口产品要素密度发生下降的影响在10%水平上为负，表明企业服务中间投入可以降低企业向要素密度较低产品调整的倾向。列（4）为出口产品要素密度既上升又下降（switch_ mix）作为被解释变量的估计结果，结果显示，制造业投入服务化对企业出口产品密度转换中既上升又下降的影响不显著。总体来看，检验结果表明，制造业投入服务化的增强会促进企业出口产品种类密度的变动，且更显著地促进了企业出口要素密度种类更高的产品。

表6-1 基本回归结果

	（1）	（2）	（3）	（4）
	switch	switch_ up	switch_ down	switch_ mix
ser	0. 3128 **	0. 2958 ***	− 0. 0385 *	0. 0555
	(0. 1297)	(0. 1003)	(0. 0202)	(0. 0457)
lnage	− 0. 0148 ***	− 0. 0059 ***	− 0. 0047 ***	− 0. 0042 ***
	(0. 0013)	(0. 0010)	(0. 0010)	(0. 0005)
lnl	0. 0229 ***	0. 0088 ***	0. 0092 ***	0. 0050 ***
	(0. 0008)	(0. 0006)	(0. 0006)	(0. 0003)
lntfp	0. 0038 **	0. 0353 ***	− 0. 0499 ***	0. 0184 ***
	(0. 0014)	(0. 0031)	(0. 0031)	(0. 0014)
lncapital	0. 0145 ***	0. 0061 ***	0. 0062 ***	0. 0022 ***
	(0. 0006)	(0. 0005)	(0. 0005)	(0. 0002)
hhi	0. 1711 ***	0. 0528 ***	0. 0834 ***	0. 0349 ***
	(0. 0115)	(0. 0089)	(0. 0089)	(0. 0040)
ownership	Yes	Yes	Yes	Yes
企业效应	Yes	Yes	Yes	Yes
年份效应	Yes	Yes	Yes	Yes
观测值	317584	317584	317584	317584
R²	0. 4393	0. 2438	0. 2447	0. 3295

注：***、**、*分别表示1%、5%、10%水平上显著，括号内为稳健标准误。后表同。

除了核心解释变量外，其他控制变量的估计结果显示，企业存续年限（lnage）对出口产品要素密度发生转换的影响显著为负，表明企业的年龄越大，更可能集中于生产核心产品，出口产品的密度种类发生变化的可能性越低。企业规模（lnl）会促进出口产品要素密度的变动，说明规模越大的出口企业拥有更充足的资金、更丰富的人力资本和更先进的技术，可能越有能力进行产品种类的转换。企业全要素生产率（lntfp）高的企业，其边际生产成本较低，在优化企业资源配置的过程中具有更大的灵活性（易靖韬等，2017）。资本密集度（lncapital）对企业出口产品要素密度变换的影响显著为正，说明具有资本要素禀赋优势的企业越有可能进行出口产品密度种类的变动。行业竞争程度（hhi）越高，企业成本、融资、技术创新等约束增加，从而不利于出口产品密度种类的转换。

二、稳健性检验

（1）制造业投入服务化指标的不同度量。为保证估计结果的准确可信，本章分别利用完全消耗系数法和企业层面的服务活动投入占比来再次测算制造业投入服务化水平。完全消耗系数反映了制造业与服务业各部门之间的相互依存关系（刘斌等，2016），便于研究服务业各细分行业的具体情况，有效避免了人为划分行业的偏差（杨玲，2015），具体测度方法在第四章第三节第二部分已详述。企业层面的服务活动投入占比是企业层面指标，有效避免了行业维度数据与企业维度数据在对接时过度加总的问题，主要采用刘斌等（2016）的方法，利用营销活动投入（销售费用、管理费用和财务费用）占工业总产值的比重来衡量，并分别进行稳健性检验，表6-2报告了回归结果。结果显示，无论是采用完全消耗系数法还是企业层面的服务投入占比来衡量，制造业投入服务化对出口企业发生产品密度转换（switch）的影响显著为正，且对出口产品要素密度上升（switch_up）的影响显著为正，而对出口产品要素密度下降（switch_down）的影响为负。结果表明使用不同方法测度制造业投入服务化指标后的估计结果仍然是稳健的。

（2）企业出口产品密度转换的不同度量。考虑到企业出口产品的要素密度转换测度方法的稳健性，为避免估计结果受产品密度转换测算方法的影响，本章对企业出口产品的密度转变情况进行重新定义。将出口产品要素密度下降赋值为-1，密度既上升又下降赋值为1，要素密度上升赋值为2，将企业出口产品要素密度未发生变动赋值为0。然后对模型进行再估计，结果如表6-3列（1）所示，回归结果依然是稳健的。

表6-2 稳健性检验 I

	完全消耗系数衡量 ser				服务投入活动占比衡量 ser			
	（1）	（2）	（3）	（4）	（5）	（6）	（7）	（8）
	switch	switch_up	switch_down	switch_mix	switch	switch_up	switch_down	switch_mix
ser	0.1647 **	0.1439 ***	− 0.0055 *	0.0262	0.1087 ***	0.0973 ***	− 0.0342 ***	0.0456 ***
	（0.0664）	（0.0514）	（0.0028）	（0.0234）	（0.0096）	（0.0075）	（0.0024）	（0.0034）
lnage	− 0.0148 ***	− 0.0059 ***	− 0.0047 ***	− 0.0042 ***	− 0.0175 ***	− 0.0070 ***	− 0.0058 ***	− 0.0048 ***
	（0.0013）	（0.0010）	（0.0010）	（0.0005）	（0.0013）	（0.0010）	（0.0010）	（0.0005）
lnl	0.0229 ***	0.0088 ***	0.0092 ***	0.0050 ***	0.0267 ***	0.0104 ***	0.0107 ***	0.0057 ***
	（0.0008）	（0.0006）	（0.0006）	（0.0003）	（0.0008）	（0.0006）	（0.0006）	（0.0003）
lntfp	0.0038 **	0.0353 ***	− 0.0499 ***	0.0184 ***	0.0134 ***	0.0592 ***	− 0.0751 ***	0.0293 ***
	（0.0014）	（0.0031）	（0.0031）	（0.0014）	（0.0047）	（0.0036）	（0.0036）	（0.0016）
lncapital	0.0145 ***	0.0061 ***	0.0062 ***	0.0022 ***	0.0125 ***	0.0053 ***	0.0053 ***	0.0019 ***
	（0.0006）	（0.0005）	（0.0005）	（0.0002）	（0.0007）	（0.0005）	（0.0005）	（0.0002）
hhi	0.1711 ***	0.0528 ***	0.0834 ***	0.0349 ***	0.1469 ***	0.0426 ***	0.0740 ***	0.0303 ***
	（0.0115）	（0.0089）	（0.0089）	（0.0040）	（0.0116）	（0.0089）	（0.0089）	（0.0041）
ownership	Yes	Yes	Yes	Yes	Yes	Yes	Yes	Yes
企业效应	Yes	Yes	Yes	Yes	Yes	Yes	Yes	Yes
年份效应	Yes	Yes	Yes	Yes	Yes	Yes	Yes	Yes
观测值	317584	317584	317584	317584	316381	316381	316381	316381
R^2	0.4393	0.2438	0.2447	0.3295	0.4395	0.2439	0.2449	0.3298

表6-3 稳健性检验 II

	改变出口产品密度转换衡量	韩国 ser 作为工具变量			
	（1）	（2）	（3）	（4）	（5）
	switch_r	switch	switch_up	switch_down	switch_mix
ser	0.6855 ***	1.7210 **	1.5623 ***	− 0.2198 *	0.3785
	（0.2435）	（0.6696）	（0.5177）	（0.1143）	（0.2359）
lnage	− 0.0112 ***	− 0.0147 ***	− 0.0058 ***	− 0.0047 ***	− 0.0042 ***
	（0.0025）	（0.0013）	（0.0010）	（0.0010）	（0.0005）
lnl	0.0134 ***	0.0229 ***	0.0087 ***	0.0092 ***	0.0049 ***
	（0.0014）	（0.0008）	（0.0006）	（0.0006）	（0.0003）
lntfp	0.0391 ***	0.1044 ***	0.0361 ***	0.0498 ***	0.0186 ***
	（0.0075）	（0.0040）	（0.0031）	（0.0031）	（0.0014）

续表

	改变出口产品密度转换衡量	韩国 ser 作为工具变量			
	（1）	（2）	（3）	（4）	（5）
	switch_ r	switch	switch_ up	switch_ down	switch_ mix
lncapital	0.0082***	0.0146***	0.0062***	0.0062***	0.0022***
	（0.0012）	（0.0006）	（0.0005）	（0.0005）	（0.0002）
hhi	0.0571***	0.1742***	0.0556***	0.0830***	0.0356***
	（0.0215）	（0.0116）	（0.0089）	（0.0089）	（0.0041）
ownership	Yes	Yes	Yes	Yes	Yes
企业效应	Yes	Yes	Yes	Yes	Yes
年份效应	Yes	Yes	Yes	Yes	Yes
观测值	317584	317584	317584	317584	317584
R^2	0.1609	0.4393	0.2435	0.2445	0.3293

（3）内生性问题。考虑到模型中的企业特征等控制变量可能和出口产品密度转换之间具有逆向因果关系，以及模型中遗漏变量而导致内生性问题。本章分别将韩国和日本的制造业投入服务化程度作为工具变量，利用两阶段最小二乘估计（2SLS）再次进行检验。通过对工具变量分别进行识别不足检验（Anderson canon. corr. LM 检验）和弱工具变量检验（Cragg - Donald Wald F 检验），结果在1% 水平上拒绝了"工具变量识别不足"和"存在弱工具变量"的原假设，同时进行过度识别检验（Sargan - Hansen 检验），在 10% 水平上无法拒绝"不存在过度识别"的原假设，说明工具变量选取是合理的。回归结果如表 6 - 3 列（2）～ 列（5）和表 6 - 4 列（1）～ 列（4）所示，可以看到在考虑了模型潜在的内生性后，本章主要结论仍然成立。

（4）Probit 估计。考虑到被解释变量主要是取值为 0，1 的虚拟变量，本章采用 Probit 估计对模型进行再检验。表 6 - 4 列（5）～ 列（8）的估计结果显示，制造业投入服务化促进了企业出口产品的要素密度变动，且有利于企业出口产品要素密度的上升。表明本章的核心结论不随估计模型的变化而改变，进一步验证了模型估计的稳健性。

表6-4 稳健性检验Ⅲ

	日本 ser 作为工具变量				Probit 估计			
	(1)	(2)	(3)	(4)	(5)	(6)	(7)	(8)
	switch	switch_ up	switch_ down	switch_ mix	switch	switch_ up	switch_ down	switch_ mix
ser	1.8454 ***	1.2120 ***	-0.1748 *	0.8082	1.0200 ***	1.4592 ***	-0.0221 **	1.0536
	(0.4098)	(0.2809)	(0.0913)	(1.1311)	(0.3779)	(0.4402)	(0.0089)	(0.7679)
lnage	-0.0147 ***	-0.0059 ***	-0.0046 ***	-0.0042 ***	-0.0441 ***	-0.0273 ***	-0.0210 ***	-0.0703 ***
	(0.0013)	(0.0010)	(0.0010)	(0.0005)	(0.0039)	(0.0046)	(0.0046)	(0.0079)
lnl	0.0228 ***	0.0088 ***	0.0091 ***	0.0049 ***	0.0660 ***	0.0382 ***	0.0396 ***	0.0775 ***
	(0.0008)	(0.0006)	(0.0006)	(0.0003)	(0.0022)	(0.0026)	(0.0026)	(0.0044)
lntfp	0.1045 ***	0.0350 ***	0.0507 ***	0.0189 ***	0.3104 ***	0.1621 ***	0.2300 ***	0.3002 ***
	(0.0045)	(0.0035)	(0.0035)	(0.0016)	(0.0120)	(0.0140)	(0.0142)	(0.0254)
lncapital	0.0146 ***	0.0061 ***	0.0063 ***	0.0023 ***	0.0431 ***	0.0276 ***	0.0282 ***	0.0345 ***
	(0.0007)	(0.0005)	(0.0005)	(0.0002)	(0.0019)	(0.0022)	(0.0023)	(0.0040)
hhi	0.1745 ***	0.0517 ***	0.0862 ***	0.0366 ***	0.4725 ***	0.2187 ***	0.3356 ***	0.4671 ***
	(0.0136)	(0.0105)	(0.0105)	(0.0048)	(0.0328)	(0.0378)	(0.0374)	(0.0591)
ownership	Yes	Yes	Yes	Yes	Yes	Yes	Yes	Yes
企业效应	Yes	Yes	Yes	Yes	No	No	No	No
年份效应	Yes	Yes	Yes	Yes	Yes	Yes	Yes	Yes
行业和省份效应	No	No	No	No	Yes	Yes	Yes	Yes
观测值	317584	317584	317584	317584	317584	317577	317577	317584
R^2	0.4393	0.2436	0.2447	0.3293	0.0454	0.0196	0.0235	0.0563

第四节 扩展检验结果与分析

一、制造业投入服务化影响出口产品密度转换的分组检验

（1）区分不同服务要素投入的检验。制造业投入服务化与企业出口产品要素密度转换的关系可能会因服务要素投入不同而存在差异。根据服务中间投入的差异，本书主要从批发零售服务投入、运输服务投入、信息和通信服务投入、金融保险服务投入、专业科学技术服务投入五个方面进行回归检验，检验结果报告

如表6-5列（1）～列（5）所示。结果显示，批发零售、信息和通信、金融保险、专业科学技术服务投入对企业出口产品密度发生变动，以及产品要素密度上升的影响为正，而运输服务投入的影响不显著。此外，金融保险服务投入和专业科学技术服务投入对企业出口产品要素密度下降的影响在10%水平显著为负，而批发零售、运输服务、信息和通信的这一影响尚不显著。估计结果表明，批发零售、信息和通信、金融保险以及专业科学技术的服务中间投入都会使企业出口产品的密度种类发生变换，并促进企业出口要素密度更高的产品种类，但金融保险和专业科学技术服务投入更有助于产品密度种类的上升，而运输服务投入的增强对产品要素密度转换的影响并不明显。可能的解释是，金融保险服务投入水平的增强，如多元化的融资租赁和信贷业务等有利于提高企业资金使用效率，而专业科学技术服务投入，如随着区域性、行业性、专业化的研发设计服务平台的不断涌现，可以为中小企业提供行业标准、专业设计、基础数据模型等服务（安筱鹏，2012），从而有利于出口企业进行产品层面的资源再配置，通过出口密度种类更高的产品来促进企业出口绩效的提升。运输服务投入虽然有利于减少出口交货时间成本（Moreno et al.，2002；王永进等，2010），但属于劳动密集型的传统服务行业，仍存在内部结构不合理、专业人才缺乏等问题，技术创新能力较低，不利于企业进行出口产品密度种类的转换。

表6-5　基于要素投入异质性的回归结果

	(1)	(2)	(3)	(4)	(5)
	批发零售 服务投入	运输 服务投入	信息和通信 服务投入	金融保险 服务投入	专业科学技术服务投入
switch					
ser	0.4025 * (0.2321)	0.0980 (0.5241)	1.3427 * (0.7920)	0.4149 *** (0.1338)	1.0842 ** (0.4291)
观测值	317584	317584	317584	317584	317584
R²	0.4393	0.4393	0.4393	0.4393	0.4393
switch_up					
ser	0.3064 * (0.1794)	0.5598 (0.4052)	1.6263 *** (0.6123)	0.6359 ** (0.2812)	1.1687 *** (0.3317)

续表

	（1）	（2）	（3）	（4）	（5）
	批发零售服务投入	运输服务投入	信息和通信服务投入	金融保险服务投入	专业科学技术服务投入
观测值	317584	317584	317584	317584	317584
R^2	0.2438	0.2438	0.2438	0.2438	0.2438
switch_ down					
ser	0.0739	−0.2256	−0.2141	−0.3980*	−0.3394*
	(0.1794)	(0.4050)	(0.6120)	(0.2117)	(0.1816)
观测值	317584	317584	317584	317584	317584
R^2	0.2447	0.2447	0.2447	0.2447	0.2447
switch_ mix					
ser	0.0221	−0.2362	−0.0695	0.1770	0.2549*
	(0.0818)	(0.1847)	(0.2791)	(0.1282)	(0.1512)
观测值	317584	317584	317584	317584	317584
R^2	0.3295	0.3295	0.3295	0.3295	0.3295

注：表中各项回归都分别加入了各控制变量，并控制了企业和年份效应。后表同。

（2）区分服务投入国内外来源的检验。在全球价值链分工模式下，制造业的投入服务化包括国内和国外服务投入两部分，两种不同来源的服务投入的影响可能并不相同。本章利用上文制造业出口内涵的服务业国内增加值率和国外增加值率，分别测算出的制造业的国内和国外服务投入，来实证研究区分国内外来源的服务投入对企业出口产品要素密度转换的影响，检验结果如表6 - 6列（1）和列（2）所示。可以发现，国内服务投入对企业出口产品的密度种类发生变动的影响在1%水平显著为正，对出口产品的要素密度上升的影响在5%水平显著为正，而对出口产品要素密度下降或既上升又下降的影响尚不显著。企业的国外服务投入对出口产品的要素密度发生转换和密度上升的影响都在5%水平显著为正，对产品要素密度下降的影响显著为负，而对既上升又下降的影响不显著。回归结果显示，国内和国外服务投入都会使企业出口产品的密度发生转换，且都会促进企业出口要素密度种类更高的产品，但国外服务投入对促进产品的密度种类上升的作用更强。可能的原因在于，虽然来源于国内的服务中间投入近年来逐渐增加，且相较于国外价格更低，但发达经济体相较于国内在服务提供环节上更具有专业化优势，服务业发展水平较高，有利于企业积极吸收国外服务中间投入的技术溢出，提高生产率，从而有能力出口要素密度种类更高的产品。

（3）区分企业所在地区的检验。考虑到中国服务业发展的区域差距比较显著，为进一步考察不同地区制造业投入服务化对企业价格加成的差异性影响，本书按照所在地域将企业划分为东部、中部和西部进行分组检验①，估计结果如表6-6列（3）~列（5）所示。可以看到，制造业投入服务化对东、中部地区企业出口产品密度种类发生变动，以及对产品要素密度上升的影响为正，对出口产品要素密度发生下降的影响为负。西部地区制造业投入服务化对企业出口产品密度种类是否发生变换，以及发生各类转换的影响均未通过显著性检验。表明东、中部地区服务中间投入可以促进企业出口产品密度的转换，尤其是促进企业出口要素密度种类更高的产品。可能的原因在于，东中部地区相较于西部地区的服务业开放和发展水平较高，服务中间投入的增强有助于企业通过技术创新等行为，进行新产品的生产与出口，实现企业内部的资源优化配置。西部地区整体的服务业发展较为缓慢，且更多地分布着资源依赖型制造业企业，企业从有限的服务中间投入中获得的学习和技术吸收等能力较低，导致企业很难有能力轻易调整出口产品的密度种类。

表6-6　基于服务投入国内外来源和地区异质性的回归结果

	(1)	(2)	(3)	(4)	(5)
	国内服务投入	国外服务投入	东部地区	中部地区	西部地区
switch					
ser	0.4056 ***	0.1061 **	0.2605 *	0.3033 *	0.6374
	(0.1399)	(0.0318)	(0.1367)	(0.1713)	(0.6953)
观测值	317584	317584	292237	16008	9339

① 东部地区包括北京、天津、河北、辽宁、上海、江苏、浙江、福建、山东、广东、海南；中部地区包括山西、吉林、黑龙江、安徽、江西、河南、湖北、湖南；西部地区包括内蒙古、广西、重庆、四川、贵州、云南、西藏、陕西、甘肃、青海、宁夏、新疆。

续表

	（1）	（2）	（3）	（4）	（5）
	国内服务投入	国外服务投入	东部地区	中部地区	西部地区
R^2	0.4393	0.4393	0.4352	0.4804	0.5093
switch_ up					
ser	0.2319**	0.2531**	0.2804***	0.3247*	0.2456
	（0.1081）	（0.1225）	（0.1055）	（0.1754）	（0.5366）
观测值	317584	317584	292237	16008	9339
R^2	0.2438	0.2438	0.2413	0.2787	0.2763
switch_ down					
ser	0.1414	-0.2201***	-0.0674*	-0.1583*	0.3377
	（0.1081）	（0.0624）	（0.0355）	（0.0902）	（0.5326）
观测值	317584	317584	292237	16008	9339
R^2	0.2447	0.2447	0.2422	0.2693	0.2960
switch_ mix					
ser	0.0322	0.0731	0.0474	0.1369	0.0540
	（0.0493）	（0.0740）	（0.0481）	（0.1858）	（0.2449）
观测值	317584	317584	292237	16008	9339
R^2	0.3295	0.3295	0.3269	0.3452	0.3985

（4）区分企业贸易模式的检验。根据企业的贸易模式，本书将出口企业划分为一般贸易企业、加工贸易企业和混合贸易企业，表6-7列（1）~列（3）报告了基于企业贸易模式的分组回归结果。估计结果显示，三种贸易模式企业的制造业投入服务化对企业出口产品要素密度转换的影响都显著为正，但对一般贸易和混合贸易产品密度种类上升的影响为正，对加工贸易密度种类上升的影响不显著，此外，对一般贸易产品要素密度下降的影响为负，而对加工贸易和混合贸易要素密度下降的影响不显著。结果表明，制造业投入服务化会促进一般贸易和混合贸易企业出口要素密度更高的产品，特别是对一般贸易企业的促进作用更大，而对加工贸易企业产品要素密度上升的作用尚不显著。可能的解释是，一般贸易企业承担出口产品从研发设计到生产销售等全部环节，使用较多的服务中间投入，制造业投入服务化的增强有利于企业调整产品种类，尤其是倾向于出口密

度种类更高的产品。加工贸易企业仍处于出口产品的加工组装环节，服务中间投入对加工贸易企业增值主要环节的价值链两端的影响并不显著，因此企业很难向要素密度更高的产品转换。

（5）区分企业所有制类型的检验。制造业投入服务化与企业出口产品要素密度转换的关系可能会因企业所有制类型不同而存在差异。表6-7列（4）～列（6）报告了区分国有、民营和外资所有制类型的分组估计结果。结果显示，制造业投入服务化对民营企业出口产品密度种类发生变动及出口产品密度上升的影响都显著为正，而对出口产品密度下降的影响显著为负。对于国有企业，服务中间投入对出口产品密度下降的影响为负，对既上升又下降的影响为正，而对产品密度上升的影响不显著。此外，制造业投入服务化对外资企业出口产品要素密度发生转换的各类影响均不显著。可能的原因在于，相较于民营企业，国有企业由于长期受计划体制庇护，存在较大的"生产效率"和"创新效率"双重损失（吴延兵，2012），从制造业投入服务化中获得的生产率提升和技术创新的效率有限，因此还未对国有企业出口产品密度转换产生影响。

表6-7　基于企业贸易模式和所有制异质性的回归结果

	(1)	(2)	(3)	(4)	(5)	(6)
	一般贸易	加工贸易	混合贸易	国有企业	民营企业	外资企业
switch						
ser	0.0730**	0.6432**	0.4745**	0.0047	0.4150**	0.1072
	(0.0293)	(0.2776)	(0.2312)	(0.7955)	(0.1811)	(0.1101)
观测值	178489	37869	101224	6898	199303	111383
R^2	0.4645	0.4535	0.4367	0.4975	0.4801	0.4393
switch_up						
ser	0.2596*	0.2329	0.3916**	0.4862	0.4844***	0.1041
	(0.1422)	(0.2052)	(0.1833)	(0.6279)	(0.1395)	(0.1634)
观测值	178489	37869	101224	6898	199303	111383
R^2	0.2710	0.3092	0.2406	0.2994	0.2872	0.2529
switch_down						
ser	-0.1727*	0.2937	-0.0273	-0.9963*	-0.0608*	-0.0925
	(0.0924)	(0.2029)	(0.1828)	(0.6042)	(0.0325)	(0.1636)

续表

	（1）	（2）	（3）	（4）	（5）	（6）
	一般贸易	加工贸易	混合贸易	国有企业	民营企业	外资企业
观测值	178489	37869	101224	6898	199303	111383
R^2	0.2704	0.2987	0.2452	0.3006	0.2857	0.2586
switch_ mix						
ser	−0.0139	0.1166	0.1102	0.5148 *	−0.0086	0.0956
	（0.0639）	（0.0741）	（0.0886）	（0.2985）	（0.0624）	（0.0767）
观测值	178489	37869	101224	6898	199303	111383
R^2	0.3685	0.3246	0.3317	0.4299	0.3913	0.3214

二、出口产品密度转换对企业绩效的影响

通过上文可知，制造业投入服务化促进了企业出口产品种类密度的变动，且将促进企业出口要素密度种类更高的产品。为了进一步探究出口产品要素密度的转换对企业绩效的具体影响，在前文的基础上，本章利用企业出口国内增加值率（DVAR）和价格加成（mkp）来衡量企业绩效，具体测度方法分别见第四章第三节第二部分和第五章第三节第二部分。同时，本章还考虑了企业存续年限、企业规模、全要素生产率、资本密集度、所有制类型、行业赫芬达尔指数等控制变量，并固定了企业和年份效应。具体计量模型如下：

$$Y_{it} = \alpha_1 + \beta_1 switch_{it} + \gamma Z + \delta_i + \delta_t + \varepsilon_{it} \tag{6-10}$$

其中，i 表示企业，t 表示年份。$switch_{it}$ 为企业 i 在 t 年的出口产品密度转换，Y_{it} 表示企业绩效，主要利用企业出口国内增加值率（DVAR）和价格加成（mkp）来衡量，测算方法见第四章第三节第二部分和第五章第三节第二部分，Z 为控制变量。

企业出口产品密度转换对出口国内增加值率的估计结果如表 6 - 8 列（1）~列（4）所示。估计结果显示，企业出口产品密度种类发生转换及出口产品密度上升对出口 DVAR 的影响显著为正，而出口产品密度种类下降及既上升又下降对出口 DVAR 的影响也显著为正。表明企业出口产品要素密度发生变动，以及产品要素密度的各类变换对出口国内增加值率都会产生正向影响。企业出口产品密度

转换对企业价格加成的回归结果见表6-8列（5）~列（8）。可以看出，出口产品要素密度发生转换及出口产品要素密度上升，对企业价格加成的影响显著为正，出口产品密度种类下降对企业价格加成的影响显著为负，而产品要素密度既上升又下降对企业价格加成的影响不显著。结果表明，出口要素密度更高的产品有助于企业价格加成水平的提升。

表6-8　企业出口产品密度转换对 DVAR 和 mkp 的影响

	企业出口产品密度转换对 DVAR 的影响				企业出口产品密度转换对 mkp 的影响			
	(1)	(2)	(3)	(4)	(5)	(6)	(7)	(8)
	DVAR	DVAR	DVAR	DVAR	mkp	mkp	mkp	mkp
switch	0.0188 ***	—	—	—	0.0065 ***	—	—	—
	(0.0013)				(0.0008)			
switch_up	—	0.0154 ***	—	—	—	0.0049 ***	—	—
		(0.0017)				(0.0010)		
switch_down	—	—	0.0129 ***	—	—	—	-0.0053 ***	—
			(0.0017)				(0.0010)	
switch_mix	—	—	—	0.0103 ***	—	—	—	0.0033
				(0.0036)				(0.0022)
lnage	0.0136 ***	0.0134 ***	0.0133 ***	0.0133 ***	-0.0060 ***	-0.0060 ***	-0.0060 ***	-0.0060 ***
	(0.0010)	(0.0010)	(0.0010)	(0.0010)	(0.0006)	(0.0006)	(0.0006)	(0.0006)
lnl	0.0082 ***	0.0086 ***	0.0086 ***	0.0087 ***	0.0508 ***	0.0508 ***	0.0508 ***	0.0508 ***
	(0.0006)	(0.0006)	(0.0006)	(0.0006)	(0.0004)	(0.0004)	(0.0004)	(0.0004)
lntfp	0.2421 ***	0.2436 ***	0.2435 ***	0.2439 ***	0.0692 ***	0.0693 ***	0.0693 ***	0.0694 ***
	(0.0030)	(0.0030)	(0.0030)	(0.0030)	(0.0004)	(0.0004)	(0.0004)	(0.0004)
lncapital	-0.0039 ***	-0.0037 ***	-0.0037 ***	-0.0037 ***	0.0255 ***	0.0255 ***	0.0254 ***	0.0254 ***
	(0.0005)	(0.0005)	(0.0005)	(0.0005)	(0.0003)	(0.0003)	(0.0003)	(0.0003)
hhi	-0.0325 ***	-0.0302 ***	-0.0305 ***	-0.0299 ***	0.0264 ***	0.0255 ***	0.0257 ***	0.0253 ***
	(0.0086)	(0.0086)	(0.0086)	(0.0086)	(0.0050)	(0.0050)	(0.0050)	(0.0050)
ownership	Yes	Yes	Yes	Yes	Yes	Yes	Yes	Yes
企业效应	Yes	Yes	Yes	Yes	Yes	Yes	Yes	Yes
年份效应	Yes	Yes	Yes	Yes	Yes	Yes	Yes	Yes
观测值	182696	182696	182696	182696	147158	147158	147158	147158
R^2	0.8365	0.8365	0.8365	0.8365	0.8633	0.8633	0.8633	0.8633

三、制度环境的调节效应检验

进一步地，考虑到中国各地区和行业的制度环境存在差异，导致制造业投入服务化对异质性企业出口产品密度转换的影响效应可能不同。本书以市场化程度（market）和服务业开放程度（freedom）来衡量制度环境，检验不同地区和行业的市场化程度和服务业开放程度的差异，是否会对制造业投入服务化对企业出口产品要素密度的转换产生差异性影响。估计模型如下：

$$\text{switch}_{it} = \alpha_2 + \phi_1 \text{ser}_{jt} + \phi_2 \text{market}_{kt} + \phi_3 \text{ser}_{jt} \times \text{market}_{kt} + \gamma Z + \delta_i + \delta_t + \varepsilon_{it}$$

$$(6-11)$$

$$\text{switch}_{it} = \alpha_3 + \phi_1 \text{ser}_{jt} + \theta_2 \text{freedom}_{jt} + \theta_3 \text{ser}_{jt} \times \text{freedom}_{jt} + \gamma Z + \delta_i + \delta_t + \varepsilon_{it}$$

$$(6-12)$$

其中，i 表示企业，j 表示企业所属制造行业，k 表示企业所在地区，market_{kt} 表示各省份的市场化程度，freedom_{jt} 表示各制造行业的服务业开放程度。其中，对于中国各省份的市场化程度（market），采用樊纲等（2011）的"中国各地区市场化指数"来衡量。对于各制造行业的服务业开放程度，利用 WIOD 数据库，借鉴 Arnold 等（2007）、Amiti 和 Wei（2009）的方法，根据各制造业行业的服务化水平和各服务部门的服务业开放程度指标，计算出 18 个制造业行业对主要服务行业的服务业开放程度 freedom，具体测算公式如式（6-13）所示：

$$\text{freedom}_{jt} = \sum_m \text{ser}_{jmt} \times \text{open}_{mt} \qquad (6-13)$$

其中，j 表示企业所属制造行业，m 表示服务部门；ser_{jmt} 为各制造行业的服务化程度；open_{mt} 表示各服务部门的开放程度，用国际收支平衡表（BOP）统计的服务进口额来衡量。考虑到 WIOD 数据库与 BOP 统计对服务部门的行业分类标准存在差异，本书运用行业名称进行对照。此外，为避免交互项与各解释变量之间的多重共线性问题，本章采用 James 和 Brett（1984）以及温忠麟等（2006）提出的方法，将制造业投入服务化、市场化程度与服务业开放程度都进行中心化处理后再相乘得到交互项。

表6-9列（1）和列（2）分别报告了企业出口产品要素密度上升（switch_up）和要素密度下降（switch_down）作为被解释变量时，模型（6-11）的估计结果。结果显示，当 switch_up 作为被解释变量时，制造业投入服务化（ser）与市场化进程（market）的交互项的估计系数在 1% 水平显著为正，表明市场化程度正向调节制造业投入服务化促进企业出口产品要素密度上升的影响，意味着

市场化程度越高时，服务中间投入对企业出口密度种类更高产品的有利影响越强。当 switch_ down 作为被解释变量时，制造业投入服务化（ser）与市场化进程（market）交互项的估计系数尚不显著。表 6 - 9 列（3）和列（4）分别为企业出口产品要素密度上升（switch_ up）和要素密度下降（switch_ down）作为被解释变量时，模型（6 - 12）的回归结果。可以看到，当 switch_ up 作为被解释变量时，制造业投入服务化（ser）与服务业开放程度（freedom）的交互项的估计系数在 1% 水平显著为正，说明服务业开放程度对制造业投入服务化与企业出口产品要素密度上升的关系具有正向调节效应，服务业开放程度越高，制造业投入服务化越能促进企业出口要素密度更高的产品。当 switch_ down 作为被解释变量时，制造业投入服务化（ser）与服务业开放程度（freedom）交互项的估计系数尚不显著。

表 6 - 9　调节效应检验

	（1）	（2）	（3）	（4）
	switch_ up	switch_ down	switch_ up	switch_ down
ser	0.1572**	-0.0914	0.0316**	-0.0066
	(0.0753)	(0.0752)	(0.0113)	(0.0112)
market	0.0086**	-0.0009	—	—
	(0.0036)	(0.0036)		
ser × market	0.0395***	0.0046		
	(0.0126)	(0.0126)		
freedom	—	—	0.0022***	-0.0008
			(0.0008)	(0.0008)
ser × freedom			0.0057***	0.0015
			(0.0017)	(0.0017)
lnage	-0.0058***	-0.0047***	-0.0059***	-0.0047***
	(0.0010)	(0.0010)	(0.0010)	(0.0010)
lnl	0.0088***	0.0092***	0.0088***	0.0092***
	(0.0006)	(0.0006)	(0.0006)	(0.0006)
lntfp	0.0354***	0.0499***	0.0354***	0.0499***
	(0.0031)	(0.0031)	(0.0031)	(0.0031)

续表

	(1)	(2)	(3)	(4)
	switch_ up	switch_ down	switch_ up	switch_ down
lncapital	0. 0062 ***	0. 0062 ***	0. 0061 ***	0. 0062 ***
	(0. 0005)	(0. 0005)	(0. 0005)	(0. 0005)
hhi	0. 0535 ***	0. 0835 ***	0. 0522 ***	0. 0830 ***
	(0. 0089)	(0. 0089)	(0. 0089)	(0. 0089)
ownership	Yes	Yes	Yes	Yes
企业效应	Yes	Yes	Yes	Yes
年份效应	Yes	Yes	Yes	Yes
观测值	317584	317584	317584	317584
R^2	0. 2438	0. 2447	0. 2439	0. 2448

本章小结

本章以 2000~2010 年中国工业企业数据库和中国海关进出口数据库合并匹配的制造业出口企业为研究样本，测算了企业出口产品的要素密度转换情况，利用基于 WIOD（2016）公布的投入产出数据，测度得到的全球价值链视角下中国各制造行业的投入服务化程度，识别了制造业投入服务化对企业出口产品的要素密度转换的影响效应，并进一步考察了企业出口产品的要素密度转换对企业出口国内增加值率和企业价格加成的影响，以及聚焦于中国各地区和行业的制度环境，探讨制度环境对制造业投入服务化与企业出口产品密度转换之间关系的调节效应。研究发现：

（1）制造业投入服务化促进了企业出口产品密度种类的变动，且更显著地促进了企业出口要素密度种类更高的产品。制造业的服务中间投入有利于企业通过出口产品转换，增加高要素密度的产品种类，减少低要素密度的产品种类。此外，企业存续年限和行业竞争程度对出口产品的要素密度转换表现为负向影响，而企业规模、全要素生产率和资本密集度的增强有助于出口产品的密度种类发生变动。

（2）区分服务要素投入异质性的检验发现，批发零售、信息和通信、金融保险以及专业科学技术的服务中间投入都会使企业出口产品的密度种类发生变换，并促进企业出口要素密度更高的产品种类，但金融保险和专业科学技术服务投入更有助于产品密度种类的上升，而运输服务投入的增强对产品要素密度转换的影响并不明显。识别服务投入国内外来源的检验发现，国内和国外服务投入都会使企业出口产品的密度发生转换，但国外服务投入对促进产品的密度种类上升的作用更强。此外，区分不同地区、不同贸易模式和不同所有制类型，制造业投入服务化对企业出口产品要素密度转换的异质性影响，发现东中部地区服务中间投入可以促进企业出口产品密度的转换，尤其是促进企业出口要素密度种类更高的产品，但西部地区企业的影响尚不显著；相较于制造业投入服务化对一般贸易和混合贸易企业产品密度提升的正向影响，加工贸易的这一影响尚不显著；服务中间投入有利于民营企业出口产品密度种类的上升，而对国有企业和外资企业还未产生显著促进效应。

（3）基于企业出口产品的要素密度转换的经济效应检验发现，出口产品要素密度发生转换及出口产品要素密度的上升，有助于企业价格加成水平的提高。企业出口产品密度种类发生转换及各类变动，对企业出口国内增加值率的影响都显著为正。此外，通过纳入外部制度环境的调节效应检验，发现市场化程度和服务业开放程度对制造业投入服务化与企业出口产品要素密度上升的关系具有正向调节效应，市场化进程和服务业开放程度越高，制造业投入服务化越能促进企业出口要素密度更高的产品。

第七章　制度环境、创新与异质性服务业企业 TFP

第一节　引言

全要素生产率是反映生产过程中各种投入要素转化为最终产出的总体性效率指标。在新古典经济增长理论框架中，全要素生产率的提高是经济获得长期增长的重要源泉，而服务业（尤其是现代服务业）作为国民经济的重要组成部分，其生产率的高低不仅对服务业的增加值起决定作用，还会影响制造业的投入产出效率和专业化分工程度，对于一国经济发展的重要意义不言而喻。2015 年政府工作报告首次提到"全要素生产率"，并明确指出"要增加研发投入，提高全要素生产率，加强质量、标准和品牌建设，促进服务业和战略性新兴产业比重提高、水平提升"。如何促进服务业生产率的提升？自熊彼特以来，创新是经济长期增长的基础和内在动力已成为学界共识。党的十八大报告明确提出实施创新驱动发展战略，《中华人民共和国国民经济和社会发展第十四个五年规划和 2035 年远景目标纲要》进一步指出"坚持深化供给侧结构性改革，以创新驱动、高质量供给引领和创造新需求，提升供给体系的韧性和对国内需求的适配性"。企业是技术创新的主体，而制度环境是企业技术创新的基础和前提。服务业企业往往需要面对制度环境的动态变化，以及在不同区域之间呈现出的制度环境的差异和多样性，制度环境的差异可能会影响服务业企业创新对生产率产生的效果。那么，创新对中国服务业企业全要素生产率具有何种影响？制度环境对于这种影响效应的发挥是促进还是抑制？在服务业企业面临不同的制度环境背景下，这种影响效应是否存在差异？已成为经济新常态下中国服务业持续健康发展亟待回答的重要问题。

相较于工业和农业，对服务业生产率的研究较少。现有文献对中国服务业生产率的研究主要集中于服务业生产率的测算、区域差异及演变趋势等方面，代表文献主要有顾乃华和李江帆（2006）、杨勇（2008）、江小涓（2011）、王恕立和胡宗彪（2012）、庞瑞芝和邓忠奇（2014）等，而涉及服务业生产率的影响因素，尤其是创新对服务业生产率影响的研究则相对不足。本章将制度、创新与服务业生产率的相关文献分为三类：第一类是关于创新与服务业生产率的相关研究，国内外部分学者从行业和企业层面论证了创新对服务业生产率的提升效应，如 Cainelli 等（2006）、Musolesi 和 Huiban（2010）、刘丹鹭（2012）等。然而，也有一些学者认为，单纯的服务创新对生产率并没有起到明显作用，而是通过其他变量，如出口等，间接地对生产率起到调节作用，如 Mansury 和 Love（2008）、Love 等（2010）。第二类是关于制度与服务业生产率的研究，部分学者从服务业管制层面着手，考察了服务业进入自由化与生产率的关系，如 Nicoletti 和 Scarpetta（2003）、Chang 等（2009）、Schiffbauer 和 Ospina（2010）等；部分学者基于服务业开放的视角，发现服务出口企业更具有效率，如 Temouri 等（2013）；也有学者发现，服务进口贸易企业的绩效要好于出口企业，如 Muuls 和 Pisu（2009）、Castellani 等（2010）。第三类是一些学者认为并非所有国家或企业都能从创新中获得效率的提升，如江波和李美云（2012）、杨志远和谭文军（2014）等；刘丹鹭（2012）的研究显示，在服务业中只有当企业的国际化战略和创新战略相匹配时，企业才能最大限度地获取两者带来的收益。

综观现有研究可以发现以下几点不足：一是已有文献主要探讨创新与服务业生产率、制度环境与服务业生产率或制度与服务业创新两两之间的关系。鲜有文献考虑到中国制度环境的特殊性，尤其是中国正在经历产业结构调整和经济增长方式转变的关键时期，将三者结合起来，从服务企业微观层面探究在不同的制度环境下，企业的创新效率是否有显著差异。二是对于制度环境的衡量大多基于制度的某单一方面或使用樊纲等的区域市场化指数，未能综合考虑服务企业个体对环境变化的认知和实际制度环境本身。三是已有研究大多选用劳动生产率作为服务企业生产率的衡量指标，由于服务业的产出效率还受资金、技术等其他要素投入的影响，且服务业产出难以量化等，仅使用该指标无法客观全面地测度服务业企业的效率特征。

与以往研究相比，本章的贡献主要体现在以下三个方面：一是针对鲜有文献考虑到中国制度环境的特殊性，将制度、创新与服务业生产率三者结合起来，从微观层面探究不同制度环境下服务企业的创新效率；本章基于世界银行2002年和2003年、2012年公布的中国服务业企业调查数据，从微观层面探讨经济转轨过程中创新对服务业企业TFP的影响效应，以及制度环境因素在两者关系中起何种作用。二是现有研究对于制度环境的衡量大多基于制度的某单一方面或使用樊纲等的区域市场化指数，本章综合考虑了企业个体对环境变化的认知和实际环境本身，既采用主观的服务业企业家个体感知指标进行度量，又用客观的市场化进程指数进行稳健性检验。三是针对已有研究大多选用劳动生产率作为服务业企业生产率的衡量指标，由于服务业的产出效率还受资金、技术等其他要素投入的影响，本章采用LP和HTFP方法来计算服务业企业全要素生产率。

第二节 理论分析与假说

根据现有计算全要素生产率的文献，本章以新增长理论为基础，并基于扩展的柯布－道格拉斯生产函数，假定服务业企业TFP受企业创新水平的影响，采用的生产函数具有如下形式：

$$Y = A(\text{Innov}, t)F(K, L) \tag{7-1}$$

其中，Y表示服务业企业的实际产出；K和L分别为物质资本和劳动投入；Innov表示企业的创新水平；t表示时间；A（·）代表企业的TFP，衡量的是产出增长中剔除单纯由物质资本、人力投入的增长所带来的部分，且这里A（·）代表希克斯中性技术进步的效率函数。

21 世纪以来，创新在经济增长中的作用已经得到学术界的广泛认可，而 TFP 作为衡量经济增长质量的指标被逐渐采用。熊彼特早在 1912 年的《经济发展理论》中第一次将创新视为现代经济增长的核心。一方面，创新通过不断地提高单一或者综合要素的生产率，来抵消因为要素投入数量的增加而导致的单一要素或者全要素报酬递减的趋势；另一方面，创新通过生产要素的新组合来突破经济发展中迟早要发生的由要素或资源的短缺所造成的瓶颈（洪银兴，2013）。近年来，大量经验研究证明了技术创新对企业生产率的重要影响，但多以制造业为研究对象，在日益凸显的知识经济中，服务业不仅是技术创新的使用者，且已成为创新活动的重要场所。虽然目前研究承认创新在服务业和制造业的差异，但制造业创新模式和服务业创新模式并没有本质区分，它们同为创新的一部分，扩大了创新的内涵（刘丹鹭，2012）。创新是引领服务业现代化的主要力量，而且服务对创新和知识具有溢出效应，它直接或间接地推动了经济增长，随着信息技术在服务业的大量使用，服务业的生产率更是大大提高（夏杰长，2014）。基于上述分析，本章提出待检验的理论假说：

H1：在控制其他影响因素条件下，服务业企业创新水平的提高将促进 TFP 增长。

以诺斯为代表的新制度经济学家，则摒弃了新经济增长理论将制度视为既定内生变量的假定，认为任何经济增长过程都是在一定的制度环境和制度安排下发生的，不可能脱离制度背景而独立存在，制度因素影响经济增长要素的配置和效率的提高，从而对经济实现持续增长起着非常重要的作用（North and Thomas，1973）。在服务经济时代，由于经济活动围绕提供服务产品进行，具有无形性、多样性和信息不对称性的特点，道德风险和逆向选择的可能性更大，因此，与工业经济相比，服务经济要求更加完善的制度环境（周振华，2011）。当前我国各种宏观、微观体制正处于转轨时期，作为制度密集型产业，国内制度环境的变革必然会对服务业的发展产生深远影响，且相关制度的缺位将成为我国服务业企业创新的"瓶颈"。对于服务业企业而言，创新是手段，创新的目的是提高生产率，获得企业核心竞争力，手段和目的之间必定要有相应的制度提供机制。换言之，如果以服务业企业创新为主线，将制度视为企业创新的环境，以提高 TFP 为目的，那么制度环境是企业技术创新的基础和前提，是创新主体最重要的生存环境，服务企业的创新与其制度环境之间的有效互动才能实现提高 TFP 的目的。因此，本章提出第二个待检验的理论假说：

H2：制度环境优化有助于提高服务业企业 TFP 水平，且正向调节创新与 TFP 的关系。

本章首先在式（7 - 1）的基础上进行拓展，进一步引入服务业企业面临的外部制度环境：

$$Y = A(Innov,\ Z,\ t)F(K,\ L) \tag{7 - 2}$$

其中 Z 代表制度环境。为了研究的方便，假定式（7 - 2）中的 A（·）及其组成部分是多元组合的：

$$A(Innov,\ Z,\ t) = A_{i,0}e^{\lambda_i t}Innov_{i,t}^{\alpha_i}Z_{i,t}^{\beta_i} \tag{7 - 3}$$

其中，i 代表服务业企业，t 代表时间，$A_{i,0}$ 表示初始的 TFP 水平，λ_i 表示外生的生产率变迁，α_i 和 β_i 分别表示创新和制度环境对企业 TFP 的影响参数，可得到 TFP 的计算式：

$$TFP_{i,t} = \frac{Y_{i,t}}{F(K_{i,t},\ L_{i,t})} = A_{i,0}e^{\lambda_i t}Innov_{i,t}^{\alpha_i}Z_{i,t}^{\beta_i} \tag{7 - 4}$$

对式（7 - 4）取自然对数可得到：

$$lnTFP_{i,t} = lnA_{i,0} + \lambda_i t + \alpha_i lnInnov_{i,t} + \beta_i lnZ_{i,t} \tag{7 - 5}$$

进一步地，本章在式（7 - 5）基础上引入制度环境和创新的交叉项 $lnZ_{i,t} \times lnInnov_{i,t}$，得到假说 H2 的理论模型表达式：

$$lnTFP_{i,t} = lnA_{i,0} + \lambda_i t + \alpha_i lnInnov_{i,t} + \beta_i lnZ_{i,t} + \gamma_i lnZ_{i,t} \times lnInnov_{i,t} \tag{7 - 6}$$

一般而言，服务领域完善的行政管理体制，将减少审批环节，提高办事效率和服务质量，从而降低服务业企业创新的成本，有利于创新对企业 TFP 的促进作用；而当政府对服务企业干预程度过高时，难免造成政府监管效率低、机制僵硬、监管方式落后等，企业获取资源的自由度和渠道将减少，导致企业资源配置效率低下，也在相当程度上制约了服务企业发展创新的空间，继而影响企业 TFP 的提升。另外，由于服务产品独特的生产属性，服务业相比其他产业在技术方面的壁垒较低，更易被模仿，因此完善的知识产权保护通过减少企业创新活动的外部性以增加创新收益，进一步激励和保障企业创新的可持续性，驱动企业 TFP 提高；相反，在缺乏严格产权保护和法律制度的环境中，由于市场信息不充分和竞争非有效，价格并未成为社会资源配置的信号，社会资源也没有在生产者和消费者最大化目标的激励下实现帕累托效率，创新对服务企业 TFP 的促进作用不但无法从制度非完善市场得到有效反馈，还可能遭受竞争对手"搭便车"行为带来的损害，使创新推动服务业企业 TFP 提升的作用失效（涂红，2006）。据此，本章提出第三个待检验的理论假说：

H3：制度环境存在门槛效应，在不同的制度环境下，创新对服务企业 TFP 的影响存在差异。

为检验假说 H3 是否成立，本章采用 Hansen（1999）的非动态门槛模型，在式（7-6）基础上，构建的理论模型表达式如下：

$$\ln TFP_{i,t} = \ln A_{i,0} + \lambda_i t + \theta_1 \mathrm{LnInnov}_{i,t} I(Z_{i,t} \leqslant \gamma) + \theta_2 \ln \mathrm{Innov}_{i,t} I(Z_{i,t} > \gamma) \qquad (7-7)$$

其中，γ 是待估算的门槛值，$I(\cdot)$ 为指示函数，并且满足当 $Z_{i,t} \leqslant \gamma$ 时，$I(Z_{i,t} \leqslant \gamma) = 1$，$I(Z_{i,t} > \gamma) = 0$；当 $Z_{i,t} > \gamma$ 时，$I(Z_{i,t} \leqslant \gamma) = 0$，$I(Z_{i,t} > \gamma) = 1$。

第三节　变量测算与数据说明

一、样本选择与数据来源

本章数据来源于世界银行联合中国国家统计局对中国开展的"Investment Climate Survey"和"China Enterprise Survey"统计调查。"Investment Climate Survey"涉及服务行业的调查包括两个阶段，分别于 2001～2002 年和 2003 年完成。考虑到两次调查问卷虽然内容有一些调整，但不影响本书后续研究，因此为获取更大的样本信息，将上述两个阶段的调查数据进行合并，选取其中针对中国服务企业的调查数据作为样本。其涵盖中国 23 个城市共计 1319 家服务业企业 1999～2002 年的相关数据，主要涉及信息技术、通信、金融等五个服务行业。较早的样本期可能会弱化结论的政策含义，但仍具有较强的发现现象与解释现象的能力。"China Enterprise Survey"于 2012 年完成，其中涉及服务业的调查涵盖中国 25 个城市共计 1008 家服务业企业 2009～2011 年的相关数据，主要分布在运输、批发、零售等七个行业。此外，为了分析结论更加准确和可信，在初始样本基础上，删除了书中所涉及的变量数据存在缺失或数据值异常的样本，并剔除了从业人员小于五的样本企业①，后文回归分析中由于部分变量数据缺失或进行滞后处理，导致研究样本有所减少。

二、变量选取及说明

1. 被解释变量

服务业企业全要素生产率（TFP）：目前，学者们通常采用一致半参数估计值方法（简称 OP 法）或者 LP 方法来估计企业 TFP（Olley and Pakes，1996；Levinsohn and Petrin，2003），因为这两种方法能够克服生产函数估计过程中可能产生的同时性偏差和选择偏差（鲁晓东、连玉君，2012）。但是，考虑到 OP 方法将企业的投资作为代理变量，会导致样本损失量较大，且与 OP 方法相比，LP 方法能更好克服不可观测的 TFP 变动带来的内生性问题所导致的估计偏误（Wooldridge，2009）。因此，本章采取 LP 方法对中国服务业企业的 TFP 进行测算。

其中，在实际产出方面，借鉴 Saliola 和 Seker（2011）等学者采取世界银行企业调查数据测算 TFP 时的普遍做法，采用企业的销售收入进行衡量。在资本要素投入方面，对于 2002 年和 2003 年采取企业机器与设备年末的账面净值衡量，对于 2012 年由于相关数据缺失，本章参照 Kohli（1978）初始资本存量的估计方法，根据 $K = \dfrac{I}{(\sigma + \gamma)}$ 进行估算（其中，I 为当期投资额，用当年固定资产投资总额衡量；σ 为折旧率，采用服务业固定资产折旧率 3%（徐现祥等，2007）；γ 则采用分析期内观测值所在地区的服务业固定资产投资的实际增长率来衡量）。在劳动要素投入方面，采用企业的从业人员来衡量；在中间投入方面，考虑到 2002 年和 2003 年报告能源投入数据的服务企业占比较少，且相较于能源投入，管理、通信等投入在服务产品的生产过程中显得更为重要，因此，为不损失样本，本章

---

① 由于后文涉及服务业企业 TFP 的测算，而在制造业企业 TFP 的估计中，学者们一般剔除了从业人员小于十的样本企业，但考虑到服务企业规模要小于制造业企业的规模，因此，本书只剔除了从业人员小于五的样本企业。

借鉴王恕立和刘军（2014）的研究，在此期间采用除资本、劳动力、原材料和能源投入外的其他中间投入来衡量。在 2012 年的调查问卷中，涉及测算服务企业 TFP 所需的资本要素和中间投入数据，只公布了 2011 年的相关数据，而服务企业的销售收入和劳动力人数分别公布了 2009 年和 2011 年的企业调查数据，导致本章无法采取 LP 方法测算 2012 年调查期间服务企业的 TFP。因此，本章借鉴 Head 和 Ries（2003）提出的 HTFP 测算方法，对 2012 年调查期间服务企业的 TFP 水平进行测度。此外，为了使 TFP 符合正态分布以及降低样本个体之间的异方差等，本书对通过测算得出的 TFP 进行了对数化处理。

2. 核心解释变量

创新（Innov）：衡量企业创新活动的指标通常有创新投入和创新产出两方面指标，前者一般以 R&D 支出或 R&D 人数来衡量，后者一般以专利数量、新产品数量或新产品销售收入来衡量（吴延兵，2006）。与制造业相比，服务业在创新程度和方式上的差异较大，仅仅使用衡量制造业创新的创新指标，无法完全描述服务业的创新活动。因此，为了尽可能保留更多有效样本[①]，以及考虑到服务业创新所具有的"显性"与"隐性"特点，本章一方面采用制造业框架下的创新产出作为创新的显示性指标，另一方面，采用服务业创新的一些非显示性指标。其中，在显示性指标方面，选取创新产出密度（Innov_ density），即新产品销售收入占总销售收入的比重来衡量；在非显示性指标方面，按问卷中企业对以下问题的回答：产品创新、业务创新、流程创新、管理创新、质量改进，本章对五个选项设置不同的权重，分别为 0.3、0.2、0.2、0.2、0.1，根据每个被调查企业的情况采取赋值和选项加权平均的方法，构建服务企业的非显示性创新水平指标，即创新产出倾向（Innov_intro）。其中，2012 年的问卷调查仅有企业对于过去三年里是否有产品或服务创新的回答，因此，仅利用企业是否进行产品或服务创新（New_prod）作为 2012 年企业创新产出倾向的度量。

制度环境（Insti）：本章所研究的制度环境指企业的外部制度环境，主要从主观和客观两方面进行度量。第一，主观量化，即通过企业家所感知的制度环境

---

① 在本章样本中，仅 2002 年的问卷报告了企业的研发支出，且 2012 年的问卷未报告企业专利获得量及新产品数量。

变化来衡量。具体包括①政府干预程度（Gov_regu），通过问卷中对"企业主要管理者花在与政府部门和官员打交道的时间占其工作时间的比重"的回答而得，所占比重越大表示政府对企业干预程度越大；②企业非正常支付（Infor_pay），通过问卷中"企业向政府官员支付非正常支付占年销售额的比重"衡量，该比重越大表示企业行贿腐败的程度越大；③法律保护程度（Leg_envir），通过"企业认为法律制度解决商业或经济纠纷，维护合同和产权的可能性"衡量①，数值越大表示企业的法律环境越好；④服务业开放程度（Opens）②，采用企业所在省区市服务进出口总额占地区生产总值比重来衡量，相关数据源于《中国统计年鉴》《中国商务年鉴》和商务部；⑤金融发展水平（Finance），通过"融资在多大程度上对企业的运营形成障碍"衡量，从0到4表示无阻碍到严重阻碍，分值越高表示金融发展水平越差。第二，客观量化，为确保实证结果的稳健性，本章亦使用樊纲等（2011）的"中国各地区市场化指数（Market）"及其二级指标"政府与市场的关系（Gov_index）"、"市场中介组织的发育和法律制度环境（Law_index）"以及"要素市场的发育程度"下的"金融业的市场化（Finance_index）"指标作为服务企业注册所在省区市制度环境的替代变量，对文章实证结果进行了稳健性检验。

3. 控制变量

结合已有研究，本章控制了企业的规模、年龄、股权结构、高管工作经验、员工受教育程度。为避免地区和行业因素对企业TFP的影响，还引入区域（City）和行业（Sector）哑变量。其中，①企业规模（lnSize）。从研究方法来看，度量企业规模的指标一般有销售额、总资产或者员工人数，Scherer（1965）认为，销售额对生产要素的比例是中性的，且能反映短期需求的变动，因此被认为是更好的企业规模的代理变量，本章用销售额取对数来衡量企业规模。②企业年

---

① 在世界银行2002年的问卷调查中，"法律保护程度"是对"企业认为法律体系将在商业纠纷中维护我企业的合同和产权"问题进行打分，从1到6表示完全赞同到完全反对，本章分别用100%、80%、60%、40%、20%、0来替换；而在2012年的问卷调查中，对"法律在多大程度上对企业的运营形成障碍"进行打分，从0到4表示无阻碍到严重阻碍，本章分别用100%、80%、50%、20%、0来替换，数值越大表示企业受法律保护程度越高。

② 服务业开放程度（Opens）原则上属于客观量化的度量指标，但为与稳健性检验中樊纲等的市场化指数相对应，本章将其归为主观量化指标。

龄（lnAge）。采用观测年度与企业注册年度的差表示，并取自然对数。③高管工作经验(lnExe_exp)。利用调查问卷中"高管有多少年的工作经验"，并取自然对数。④员工受教育程度（Hum）。采用企业中具有大专及以上学历的员工比例表示①。⑤企业所有制类型（Own）。按照我国法律规定，外资股份占比高于25%为外资企业，将内资企业按所占股份大小划分为国有、民营和其他，以上述四种所有制形式的哑变量作为控制变量。

另外，为消除价格因素的影响，本章以1999年为基期，分别采取《中国统计年鉴2014》公布的商品零售价格指数、固定资产价格指数和第三产业增加值指数，对各样本服务企业的销售收入、资本投入和中间投入进行平减处理。

表7-1　主要变量统计描述

	变量	简写	样本个数	均值	标准差	最小值	最大值
被解释变量	全要素生产率	lnTFP	1161	3.549	1.353	0.011	11.623
			352	5.570	1.264	2.361	10.924
解释变量（创新：Innov）	创新产出倾向	Innov_intro 或 New_prod	1181	0.267	0.310	0.000	1.000
			1003	0.485	0.500	0.000	1.000
	创新产出密度	Innov_density	259	0.308	0.282	0.000	1.000
			454	0.261	0.210	0.000	1.000
解释变量（制度环境：Insti）	政府干预程度	Gov_regu	1156	0.164	0.157	0.000	1.000
			969	0.014	0.049	0.000	1.000
	企业非正常支付	Infor_pay	948	0.039	0.114	0.000	1.000
			654	0.002	0.015	0.000	0.300
	法律保护程度	Leg_envir	1091	0.695	0.326	0.000	1.000
			980	0.909	0.157	0.000	1.000
	服务业开放程度	Opens	1221	0.056	0.076	0.004	0.260
			1004	6.712	10.199	0.637	43.495
	金融发展水平	Finance	1178	1.175	1.274	0.000	4.000
			989	0.798	0.870	0.000	4.000

①　在本章样本中，2002年和2003年的调查问卷均未报告大专及以上学历的员工比例，本章采用中级技工与高级技工所占企业员工的比例近似表示此期间员工的受教育程度。

续表

	变量	简写	样本个数	均值	标准差	最小值	最大值
控制变量	企业规模	lnSize	1186	8.829	2.124	2.741	16.285
			999	9.374	1.734	3.401	16.118
	企业年龄	lnAge	1195	2.045	0.944	0.000	4.615
			972	2.248	0.557	0.000	4.466
	高管工作经验	lnExe_ exp	1188	1.315	0.719	0.000	3.367
			970	2.614	0.477	0.693	4.007
	员工受教育程度	Hum	947	0.527	0.291	0.000	1.000
			995	0.765	0.258	0.000	1.000
	所有制类型	Own	1129	2.192	0.578	1.000	3.000
			1000	2.013	0.298	1.000	4.000

注：各变量的上、下行信息分别表示2002年和2003年合并、2012年调查问卷的样本信息。

第四节　计量检验与结果分析

一、创新促进了服务业企业 TFP 的提升吗？

根据理论分析中的假设，为验证 H1，首先基于理论模型（7-1）构建基本回归模型（7-8），控制可能影响 TFP 的企业特征和行业属性，检验创新对服务企业 TFP 的提升是否具有显著影响。

$$\ln TFP_i = \beta_0 + \beta_1 Innov_i + \delta X_i + \mu_i \tag{7-8}$$

利用 OLS 对两组截面数据进行分析，需要注意可能存在的异方差和多重共线性，本书利用解释变量的 Pearson 相关系数矩阵，发现解释变量之间相关系数绝对值在 0.25 以内，表明模型不存在严重的多重共线性。利用 BP 检验发现模型存在一定的异方差问题，采用怀特异方差稳健性估计对模型回归结果的标准误和 t 统计量进行修正，回归结果如表 7-2 所示。结果显示，无论从创新产出倾向还是创新产出密度来看，Innov 的估计系数均显著为正，说明在观察期内，企业创新对其 TFP 的提升有一定的促进作用，且与创新产出倾向相比，创新产出密度对 TFP 的促进作用更大。从控制变量的回归结果看，服务企业规模、人力资本、高管工作经验与 TFP 呈正相关，而企业年龄却为负，可能的原因在于，新进入企业总是能够将当时先进的技术知识和组织制度"物化"在企业的物质和组织资本中，通过"干中学"提升其生产效率，而这种效应随着年龄增长会因守旧落后而下降。回归结果也符合"熊彼特假说"，大型企业在规模经济、融资渠道、人力资本和风险分担等方面的优势使其比小企业具有更强的创新效率。此外，企业所有制类型系数符号在两个时间段截然相反，可能由于 21 世纪之初，中国服务领域国有经济比重较高，在金融、电信等行业占据绝对垄断地位，其监管机制普遍僵硬、审批程序烦琐，且存在监管缺乏公正性和透明度的现象，导致服务业国有企业的低效率；而近年来，随着我国服务业快速发展，国有企业改革政策的贯彻实施，国有企业的产权制度、管理体制等发生了根本性变化，服务领域所有制结构逐步趋向合理，服务业企业的生产率也在稳步提升。

表 7 - 2　服务业企业创新对 TFP 影响的回归结果

创新变量	因变量：服务业企业 TFP			
	2002 年和 2003 年		2012 年	
	(1)	(2)	(3)	(4)
	Innov_ intro	Innov_ density	New_ prod	Innov_ density
Innov	0.307 ***	0.456 *	0.161 **	0.579 **
	(0.100)	(0.231)	(0.080)	(0.271)
lnSize	0.403 ***	0.392 ***	0.449 ***	0.466 ***
	(0.016)	(0.032)	(0.024)	(0.031)
lnAge	-0.208 ***	-0.186 **	-0.083	-0.069
	(0.034)	(0.079)	(0.070)	(0.091)
lnExe_ exp	0.164 ***	0.055	0.316 ***	0.303 **
	(0.041)	(0.091)	(0.086)	(0.122)
Hum	0.312 ***	0.226	0.450 ***	0.664 ***
	(0.109)	(0.243)	(0.166)	(0.244)

续表

创新变量	因变量：服务业企业 TFP			
	2002 年和 2003 年		2012 年	
	(1)	(2)	(3)	(4)
	Innov_ intro	Innov_ density	New_ prod	Innov_ density
Own	− 0. 252 ***	− 0. 247 *	0. 137	0. 233
	(0. 051)	(0. 138)	(0. 129)	(0. 159)
地区/行业	Yes	Yes	Yes	Yes
常数项	0. 042	0. 206	1. 436 ***	0. 823
	(0. 217)	(0. 570)	(0. 451)	(0. 568)
N	787	214	290	167
Adj_ R²	0. 539	0. 448	0. 646	0. 693
F	93. 017	18. 313	44. 883	32. 281

注：括号内的数值为标准差，***、**、*分别表示在 1%、5%、10% 水平下显著，下表同。

二、制度环境对创新与服务业企业 TFP 的关系有何影响？

为验证 H2，本章基于理论模型（7 − 6）构建回归模型（7 − 9）。为避免交互项与解释变量制度环境、创新之间的多重共线性，本章将制度环境与创新变量进行中心化处理后再相乘得到交互项。

$$\ln TFP_i = \beta_0 + \beta_1 Innov_i + \beta_2 Insti_i + \beta_3 Insti_i \times Innov_i + \delta X_i + \mu_i \qquad (7-9)$$

表 7 − 3 和表 7 − 4 分别表示 2002 年和 2003 年，以及 2012 年两个时间段的回归结果。研究发现，在 2012 年的样本回归中，无论采取哪种制度环境指标创新的估计系数皆显著为正；而 2002 年和 2003 年合并后的样本回归结果却显示，法律保护程度作制度环境变量时，创新倾向和创新产出密度的估计系数均为负（不显著），服务业开放程度衡量制度环境时，创新产出密度的估计系数也为负（不显著）。究其原因可能在于，在 2002 年和 2003 年合并后的样本企业中，法律保护程度低于 0.6 的企业分别占 48.62%（Innov_ intro 作创新时）和 36.32%（Innov_ density 作创新时），且回归样本中 34.83% 的企业位于西部省区市，服务业开放程度均小于 0.1，可以认为法律保护程度和服务业开放程度较低的企业仍占较大比重，表明在制度环境较差时，资源配置可能存在较为严重的扭曲，创新对企业

· 133 ·

表 7－3　制度环境、创新与服务业企业 TFP（2002 年和 2003 年）

因变量：服务业企业 TFP										
制度环境	创新：Innov_intro					创新：Innov_density				
	(1) Gov_regu	(2) Infor_pay	(3) Leg_envir	(4) Opens	(5) Finance	(6) Gov_regu	(7) Infor_pay	(8) Leg_envir	(9) Opens	(10) Finance
Innov	0.361** (0.153)	0.212* (0.118)	-0.208 (0.229)	0.081* (0.040)	0.423*** (0.126)	0.573 (0.394)	0.421 (0.309)	-0.065 (0.122)	-0.019 (0.021)	0.358** (0.129)
Insti	-0.099 (0.257)	-0.922* (0.549)	0.331*** (0.123)	0.147 (0.208)	-0.114*** (0.032)	-0.154 (0.661)	-1.319** (0.548)	0.114 (0.290)	0.813 (0.875)	-0.189** (0.072)
Insti × Innov	-1.353** (0.621)	-1.296 (1.064)	0.618** (0.298)	2.519 (1.641)	-0.193** (0.081)	-2.741 (1.778)	-7.095* (3.859)	0.761 (0.653)	2.746 (3.941)	-0.345* (0.187)
lnSize	0.391*** (0.018)	0.399*** (0.018)	0.409*** (0.021)	0.385*** (0.017)	0.374*** (0.017)	0.399*** (0.035)	0.429*** (0.043)	0.394*** (0.034)	0.424*** (0.036)	0.399*** (0.032)
lnAge	-0.227*** (0.038)	-0.223*** (0.039)	-0.271*** (0.045)	-0.234*** (0.036)	-0.174*** (0.034)	-0.113 (0.088)	-0.199** (0.099)	-0.230*** (0.083)	-0.156* (0.088)	-0.166** (0.078)
lnExe_exp	0.133*** (0.044)	0.172*** (0.047)	0.174*** (0.052)	0.125*** (0.043)	0.136*** (0.041)	0.106 (0.098)	0.178 (0.112)	0.097 (0.097)	0.107 (0.098)	0.058 (0.091)
Hum	0.349*** (0.115)	0.288** (0.123)	0.272** (0.138)	0.283** (0.114)	0.235** (0.108)	0.429 (0.266)	0.236 (0.307)	0.110 (0.266)	0.225 (0.261)	0.141 (0.243)
Own	-0.253*** (0.057)	-0.292*** (0.061)	-0.175** (0.070)	-0.285*** (0.054)	-0.222*** (0.052)	-0.376*** (0.141)	-0.352** (0.153)	-0.264* (0.145)	-0.361** (0.150)	-0.253* (0.136)
地区/行业	Yes	Yes	Yes	Yes	Yes	Yes	Yes	Yes	Yes	Yes

续表

因变量：服务业企业 TFP									
创新：Innov_intro					创新：Innov_density				
制度环境	(1)	(2)	(3)	(4)	(5)	(6)	(7)	(8)	(9)	(10)
	Gov_regu	Infor_pay	Leg_envir	Opens	Finance	Gov_regu	Infor_pay	Leg_envir	Opens	Finance
常数项	0.289	0.193	0.242	0.607***	0.298	0.342	0.172	0.728	0.209	0.243
	(0.240)	(0.255)	(0.288)	(0.234)	(0.217)	(0.637)	(0.634)	(0.643)	(0.650)	(0.561)
N	716	638	545	713	695	202	191	201	214	202
Adj_R²	0.490	0.518	0.508	0.529	0.514	0.456	0.457	0.465	0.431	0.489
F	58.349	58.092	47.981	67.669	62.078	15.027	14.783	15.525	14.551	17.032

表 7－4　制度环境、创新与服务业企业 TFP（2012 年）

因变量：服务业企业 TFP									
创新：New_prod					创新：Innov_density				
制度环境	(1)	(2)	(3)	(4)	(5)	(6)	(7)	(8)	(9)	(10)
	Gov_regu	Infor_pay	Leg_envir	Opens	Finance	Gov_regu	Infor_pay	Leg_envir	Opens	Finance
Innov	0.235***	0.124*	0.137**	0.180*	0.159***	0.664**	0.638*	0.627**	0.876***	0.301*
	(0.084)	(0.052)	(0.051)	(0.095)	(0.057)	(0.289)	(0.368)	(0.273)	(0.327)	(0.154)
Insti	-0.796	-1.663	0.621***	0.054	-0.035	-0.748	-2.249	0.219	0.018*	-0.096
	(1.157)	(3.373)	(0.117)	(0.085)	(0.056)	(2.219)	(3.205)	(0.464)	(0.010)	(0.091)
Insti × Innov	-3.593**	-4.154*	0.059*	0.470*	-0.115*	-6.575*	-6.863*	0.497*	0.636*	-0.319**
	(1.824)	(2.122)	(0.023)	(0.241)	(0.061)	(3.446)	(3.511)	(0.273)	(0.321)	(0.119)

续表

因变量：服务业企业 TFP

| 制度环境 | 创新：New_prod | | | | | 创新：Innov_density | | | | |
| | (1) | (2) | (3) | (4) | (5) | (6) | (7) | (8) | (9) | (10) |
	Gov_regu	Infor_pay	Leg_envir	Opens	Finance	Gov_regu	Infor_pay	Leg_envir	Opens	Finance
lnSize	0.463***	0.506***	0.450***	0.450***	0.443***	0.473***	0.489***	0.467***	0.469***	0.461***
	(0.024)	(0.035)	(0.023)	(0.024)	(0.024)	(0.030)	(0.047)	(0.031)	(0.031)	(0.030)
lnAge	-0.087	-0.166*	-0.076	-0.078	-0.086	-0.131	-0.191	-0.042	-0.065	-0.063
	(0.069)	(0.098)	(0.072)	(0.072)	(0.070)	(0.095)	(0.139)	(0.093)	(0.094)	(0.092)
lnExe_exp	0.310***	0.211*	0.331***	0.322***	0.289***	0.287**	0.284	0.302**	0.332**	0.291**
	(0.085)	(0.120)	(0.087)	(0.087)	(0.088)	(0.122)	(0.186)	(0.122)	(0.123)	(0.122)
Hum	0.452***	0.422*	0.412**	0.456***	0.433***	0.662***	0.910**	0.717***	0.601**	0.648***
	(0.165)	(0.238)	(0.165)	(0.167)	(0.166)	(0.241)	(0.368)	(0.245)	(0.246)	(0.245)
Own	0.107	-0.011	0.099	0.126	0.162	0.231	0.147	0.217	0.249	0.281*
	(0.129)	(0.199)	(0.127)	(0.131)	(0.132)	(0.157)	(0.313)	(0.159)	(0.159)	(0.167)
地区/行业	Yes	Yes	Yes	Yes	Yes	Yes	Yes	Yes	Yes	Yes
常数项	1.383***	1.347**	0.972	1.423***	1.412***	0.924	1.199	0.297	0.778	0.809
	(0.445)	(0.645)	(0.609)	(0.455)	(0.451)	(0.562)	(0.959)	(0.682)	(0.575)	(0.563)
N	286	153	284	290	286	165	82	165	167	166
Adj_R²	0.659	0.672	0.660	0.644	0.635	0.705	0.706	0.698	0.696	0.689
F	40.483	24.906	40.248	38.279	36.479	28.946	15.958	28.104	28.133	27.139

TFP 的正向推动作用会有所减弱，甚至会有负向作用的倾向。进一步地，逐一观察各交互项发现：2012 年的调查样本中，Gov_ regu × Innov、Infor_ pay × Innov、Finance × Innov 的估计系数皆为负，Leg_ envir × Innov、Opens × Innov 的估计系数皆为正，且都通过了显著性检验，反映出政府干预、非正常支付和融资约束对创新与企业 TFP 的关系具有负向调节效应，而法制环境、服务业开放程度对创新与企业 TFP 的关系具有正向调节效应。这验证了假设 H2 是成立的，同时这也符合我们对中国改革开放以来服务业快速发展的现实观察，随着服务企业所处制度环境的不断改善，市场能够积极反馈企业创新的价值，创新对企业 TFP 的促进作用也在不断增强。

此外，还应注意到，2002 年和 2003 年的样本中，Infor_pay × Innov_intro、Opens × Innov_intro、Gov_regu × Innov_density、Leg_envir × Innov_density、Opens × Innov_density 的估计系数均不显著。表明对于 2002 年和 2003 年合并后的样本，用创新产出倾向衡量创新时，非正常支付、服务业开放程度对创新与企业 TFP 关系的作用方向不确定，而用创新密度衡量创新时，政府干预、法制环境、服务业开放程度对创新与 TFP 关系的作用方向也是不确定的。为进一步探讨上述回归结果中交叉项系数不显著的原因，以 2002 年和 2003 年合并后 Gov_ regu 作制度环境的估计结果为例，此时创新产出倾向、创新密度对 TFP 的弹性系数分别为：$0.361 \sim 1.353 \times Gov\_ regu$ 和 $0.573 \sim 2.741 \times Gov\_ regu$，由于各服务业企业主观量化的政府干预程度存在一定的差异，所以创新对企业 TFP 的弹性系数受政府干预程度影响呈现线性变化的态势。由弹性系数表达式也可以看出，当政府干预程度较低时（Gov_ regu 小于 0.267 或小于 0.209），弹性系数为正，创新会促进 TFP 的提升；当政府干预程度达到较高水平（Gov_regu 大于 0.267 或大于 0.209），创新反而会对 TFP 呈现抑制作用。分析其他制度环境变量估计结果，发现相似的现象，说明虽然制度环境对创新与企业 TFP 的关系具有一定的调节效应，但当制度环境位于不同区间时，创新也可能会对服务企业 TFP 产生不同的影响。

三、创新与服务业企业 TFP：不同制度环境有何差异？

在考察通过影响某一变量从而对被解释变量产生差异影响的因素时，往往采取分组检验或交互项连乘的方法，但这些方法都存在一定局限。分组检验面临难以确定分组标准的问题，而交叉项估计又难以得到准确客观的门槛值，相较而言，门槛回归方法得到的门槛值是内生的，且能够对门槛值的准确性及显著性进行检验。因此，为进一步验证 H3，本章借鉴 Hansen（1999）的门槛模型，在理论模型（7-7）的基础上，构建制度环境与企业创新的门槛回归计量模型：

$$\ln TFP_i = \beta_0 + \beta_1 Innov_i I(Insti_i \leqslant \gamma) + \beta_2 Innov_i I(Insti_i > \gamma) + \delta X_i + \mu_i + e_i$$

$$(7-10)$$

其中，γ 表示特定的门槛值，I（Insti ≤ γ）和 I（Insti > γ）为指示函数。

门槛回归的基本思路是，首先要对门槛效应进行检验，包括门槛变量的门槛值和门槛个数，以确定模型的形式。由 2002 年和 2003 年样本的门槛效应检验结果可知（见表 7-5）[1]，创新产出倾向衡量创新时，政府干预和非正常支付在 1%、法律保护程度在 5% 的显著性水平上均通过了单一门槛检验，而服务业开放程度在 1% 的显著性水平上通过了单一门槛和双重门槛检验[2]。创新产出密度衡量创新时，各制度环境指标均在 5% 显著性水平上通过了单一门槛检验，表明制度环境的门槛效应的确存在，且创新用不同指标度量时，显著性水平会存在差异。对 2012 年的调查样本进行门槛效应检验（见表 7-5）[3]，却显示政府干预和服务业开放程度都不存在门槛效应，为什么出现这种结果？通过对 2012 年的有效样本进行分析，发现其中政府干预程度大于 0.1 的企业仅占 2.42%，位于东中部省区市的企业占比达 92.76%，其服务业开放程度均大于 0.63，且 94.12% 的服务业企业非正常支付都是 0，感知法律对其保护程度大于 0.7 的企业占比高达 96.83%。因此，本书认为 2012 年调查问卷中进行门槛效应检验的有效样本企业，无论从政府干预、非正常支付、法律保护还是服务业开放程度来看，其制度

---

① 在此感谢连玉君老师对截面门槛模型估计的帮助与指导。

② 由于金融发展水平（Finance）的取值仅有 0、1、2、3、4，是离散型变量，本章这里不再对该制度环境变量进行门槛效应检验，后文会通过分组回归来检验 Finance 不同区间值内，创新对 TFP 的影响是否不同。

③ 在 2012 年的有效样本企业中，非正常支付和法律保护程度的取值个数都很少，为离散型变量，因此本章不再对这两类制度环境变量进行门槛效应检验，而是通过分组检验来比较 Infor_ pay 和 Leg_ envir 在不同取值内，创新对 TFP 的影响是否存在较大差异。结果发现，这两类制度环境变量在不同区间值内，创新对 TFP 的影响系数差异很小，据此本书认为 Infor_ pay 和 Leg_ envir 也是不存在门槛效应的。

表7-5 门槛效应检验（因变量：企业TFP）

创新变量	制度环境	门槛数	F值	P值	1%	5%	10%	门槛估计值	95%置信区间
Innov_intro (2002年和2003年)	Gov_regu	单一	13.275***	0.000	8.398	4.396	3.022	0.200	[0.100, 0.300]
		双重	0.409	0.607	6.045	3.956	2.894	—	—
	Infor_pay	单一	13.290***	0.000	7.364	4.411	2.889	0.031	[0.002, 0.045]
		双重	0.087	0.803	6.866	3.822	2.712	—	—
	Leg_envir	单一	6.144**	0.013	6.725	3.320	2.462	0.400	[0.300, 0.600]
		双重	0.116	0.747	8.095	3.998	2.956	—	—
	Opens	单一	12.123***	0.000	6.266	4.343	3.053	0.007	[0.007, 0.027]
		双重	12.049***	0.000	6.057	4.468	3.139	0.027	[0.004, 0.098]
		三重	0.069	0.870	7.824	3.754	2.486	—	—
Innov_density (2002年和2003年)	Gov_regu	单一	7.207**	0.013	7.829	4.966	3.718	0.200	[0.100, 0.333]
		双重	0.001	0.973	12.969	4.721	2.814	—	—
	Infor_pay	单一	9.515***	0.017	9.854	4.113	2.877	0.015	[0.002, 0.036]
		双重	0.274	0.647	7.086	4.038	3.131	—	—
	Leg_envir	单一	7.716**	0.013	7.812	4.229	3.149	0.600	[0.500, 1.000]
		双重	0.378	0.533	7.933	3.818	3.088	—	—
	Opens	单一	6.730**	0.023	8.066	4.185	3.142	0.012	[0.005, 0.064]
		双重	0.013	0.443	9.324	5.654	4.056	—	—
New_prod (2012年)	Gov_regu	单一	0.989	0.310	5.827	3.180	2.196	—	—
		双重	1.513	0.273	7.203	4.771	3.564	—	—
	Opens	单一	1.821	0.217	8.569	4.232	2.967	—	—
		双重	0.571	0.430	6.473	4.304	2.280	—	—
Innov_density (2012年)	Gov_regu	单一	0.008	0.937	7.347	4.329	2.812	—	—
		双重	0.142	0.840	7.684	4.556	3.508	—	—
	Opens	单一	2.470	0.197	6.238	4.372	3.266	—	—
		双重	0.215	0.733	8.746	6.429	3.897	—	—

注：P值和临界值采用Bootstrap反复抽样300次得到。

环境表现较好，在良好的外部制度环境中，创新对服务企业 TFP 的影响显著为正（见表 7-4），且随着制度环境的变化其影响不会存在较大差异。

对于 2002 年和 2003 年的样本企业，得到门槛值后进一步运用模型（7-10）进行门槛模型参数估计（见表 7-6）。结果显示，当政府干预程度高于门槛值（0.2）时，创新产出倾向和创新密度对 TFP 的影响系数分别为 -0.253 和 -0.408；低于这一门槛时，创新的估计系数变为 0.337 和 0.510，且分别在 1% 和 10% 的水平上显著。说明随着政府干预的逐渐减少，创新对服务业企业的影响由抑制作用向正向促进作用转变。利用不同指标衡量创新时，发现服务业开放程度的门槛个数不一致，这可能与各类门槛回归的样本量不同有关。其中，以 Innov_ intro 为创新时，Opens 存在双重门槛，当 Opens 小于单一门槛值（0.007）时，创新对 TFP 的影响系数为 -0.544；当 Opens 处于 0.007 和 0.027 区间时，创新对 TFP 的影响变为正的，但未通过 10% 的显著性检验；当 Opens 跨越双重门槛值（0.027）时，创新对 TFP 的影响系数为 0.751，且高度显著。进一步地，本书发现服务业开放程度低于单一门槛值的样本企业大多位于西部省区市（如贵阳、昆明、兰州等），高于双重门槛值的企业大多是在东部省区市（如北京、天津、深圳等），而处于单一门槛和双重门槛值之间的企业大多位于中部省区市（如郑州、武汉、长沙等），这与现实相符，我国东部省区市服务业开放程度相对较高，服务企业创新对 TFP 提高的促进效应更显著，而西部省区市开放程度相对较低，相较于创新企业而言，未进行创新的服务业企业其成本更低，反而更利于生产率提升。通过门槛参数估计可以得出，当企业的制度环境高于门槛值时，创新显著促进了服务业企业 TFP 的提高，而当制度环境低于门槛值时，创新对服务业企业 TFP 的促进作用明显减弱，甚至会起到抑制作用。

表 7-6　2002 年和 2003 年的门槛模型估计（因变量：企业 TFP）

制度环境	创新：Innov_ intro				创新：Innov_ density			
	(1)	(2)	(3)	(4)	(6)	(7)	(8)	(9)
	Gov_ regu	Infor_ pay	Leg_ envir	Opens	Gov_ regu	Infor_ pay	Leg_ envir	Opens
单一门槛	0.200***	0.031***	0.400**	0.007***	0.200**	0.015**	0.600**	0.012**
双重门槛	—	—	—	0.027***	—	—	—	—

续表

制度环境	创新：Innov_ intro				创新：Innov_ density			
	(1)	(2)	(3)	(4)	(6)	(7)	(8)	(9)
	Gov_ regu	Infor_ pay	Leg_ envir	Opens	Gov_ regu	Infor_ pay	Leg_ envir	Opens
Innov (Insti < γ)	0.337***	0.393***	-0.240	-0.544**	0.510*	0.770**	-0.062	-0.199*
	(0.116)	(0.208)	(0.215)	(0.221)	(0.378)	(0.517)	(0.136)	(0.109)
Innov (Insti ≥ γ) or (γ ≤ Insti < δ)	-0.253*	-0.432*	0.343**	0.089	-0.408	-0.249	0.124*	0.334**
	(0.162)	(0.125)	(0.147)	(0.125)	(0.391)	(0.655)	(0.068)	(0.153)
Innov (Insti ≥ δ)	—	—	—	0.751***	—	—	—	—
				(0.212)				
Insti	-0.085	-0.063	0.032	0.075	-0.035	-0.067	0.039	0.092
	(0.227)	(0.485)	(0.116)	(0.761)	(0.635)	(0.745)	(0.260)	(0.396)
lnSize	0.393***	0.386***	0.408***	0.378***	0.402***	0.431***	0.393***	0.424***
	(0.017)	(0.019)	(0.021)	(0.017)	(0.038)	(0.036)	(0.032)	(0.038)
lnAge	-0.228***	-0.213***	-0.270***	-0.239***	-0.112	-0.193**	-0.230***	-0.156*
	(0.036)	(0.039)	(0.044)	(0.037)	(0.095)	(0.086)	(0.078)	(0.092)
lnExe_ exp	0.134***	0.174***	0.180***	0.122***	0.121	0.110	0.103	0.111
	(0.041)	(0.047)	(0.051)	(0.043)	(0.107)	(0.102)	(0.091)	(0.102)
Hum	0.348***	0.321***	0.260*	0.277**	0.377	0.272	0.112	0.218
	(0.109)	(0.124)	(0.136)	(0.116)	(0.289)	(0.258)	(0.249)	(0.275)
Own	-0.259***	-0.291***	-0.169**	-0.284***	-0.419***	-0.361**	-0.244*	-0.342**
	(0.054)	(0.061)	(0.069)	(0.055)	(0.155)	(0.1444)	(0.136)	(0.157)
地区/行业	Yes	Yes	Yes	Yes	Yes	Yes	Yes	Yes
常数项	0.285	0.241	0.212	0.596**	0.405	0.117	0.699	0.067
	(0.228)	(0.256)	(0.282)	(0.2392)	(0.684)	(0.627)	(0.590)	(0.672)
N	716	638	545	713	202	191	201	214
Adj_ R^2	0.496	0.527	0.510	0.542	0.468	0.471	0.470	0.436
F	59.70	60.12	48.27	65.94	15.73	15.09	15.75	14.87

此外，本书分别以 Infor_pay 和 Leg_envir 为制度环境变量进行门槛模型估计，发现这一核心结论依然成立。以 Finance 为制度环境变量，按 Finance 取 0、1，或取 2、3、4 将样本分为两组，分别估计创新对 TFP 的影响，估计结果如表 7 - 7 所示，结果显示两组结果中创新产出倾向的系数分别为 0.3078 和 0.0928（不

显著），创新密度的估计系数分别为 1.1804 和 0.2691（不显著），分组估计时创新对 TFP 的影响系数存在显著差异，表明随着金融发展水平的变化，创新与服务业企业 TFP 的关系也具有差异，该结论也支持了假设 H3。表明公正规范的政府监管、良好的法律环境、严格的知识产权保护、健全的金融市场，以及积极有序的对外开放有助于服务业企业降低交易成本，优化创新投入要素配置，推动企业 TFP 提升；而较差的制度环境会给企业带来较高的交易成本，市场不能积极反馈企业创新的价值，企业创新无法发挥对其 TFP 提升的效应，甚至还会带来负向影响。

表 7 – 7   2002 年和 2003 年按金融发展水平的分组检验结果（因变量：企业 TFP）

	创新：Innov_ intro		创新：Innov_ density	
	Finance ≤ 1	Finance > 1	Finance ≤ 1	Finance > 1
Innov	0.3078 **	0.0928	1.1804 ***	0.2691
	(0.1342)	(0.1385)	(0.3279)	(0.3396)
lnSize	0.3951 ***	0.3170 ***	0.3806 ***	0.3933 ***
	(0.0227)	(0.0235)	(0.0471)	(0.0425)
lnAge	− 0.2075 ***	− 0.1010 **	− 0.2388 **	− 0.0527
	(0.0489)	(0.0442)	(0.1195)	(0.0955)
Execu_ exp	0.2082 ***	0.0198	0.2553 *	− 0.1748
	(0.0588)	(0.0502)	(0.1331)	(0.1194)
Hum	0.3418 **	0.1368	0.3701	0.0403
	(0.1400)	(0.1639)	(0.3287)	(0.3685)
Own	− 0.2366 ***	− 0.1984 ***	− 0.2128	− 0.3566 **
	(0.0738)	(0.0664)	(0.2051)	(0.1703)
地区/行业	Yes	Yes	Yes	Yes
常数项	0.0277	0.5097 *	0.3492	0.1271
	(0.2964)	(0.2763)	(0.7857)	(0.7786)
N	445	250	87	115
Adj_ R^2	0.4893	0.4674	0.6636	0.3934
F	43.5354	22.8502	17.9680	8.3918

四、稳健性检验

（1）制度环境的其他替代变量。由于制度环境变量在本章假设检验中相当重要，为确保研究结论的稳健性和可靠性，本章除了使用主观的企业家个体感知的相关指标，还使用樊纲等（2011）的"中国各地区市场化指数（Market）"及其二级指标"政府与市场的关系（Gov_ index）""市场中介组织的发育和法律制度环境（Law_ index）"，以及要素市场的发育程度中"金融业的市场化（Finance_ index）"作为服务业企业注册所在省区市制度环境的替代变量，各项指标的得分越高代表制度环境越好。考虑到相较于 2012 年，2002 年和 2003 年合并后的样本量比较多，为增强回归结果的可靠性，本书仍基于 2002 年和 2003 年合并后的样本，检验当制度环境用其他替代变量衡量时，其对创新与 TFP 的关系有无影响，表 7 - 8 报告了估计结果。从检验结果来看，各制度环境变量与创新产出倾向（Innov_ intro）的交叉变量系数均为正，且分别在 5% 和 10% 的水平上显著，这与表 7 - 3 中的相关检验结果一致，意味着创新对生产率的影响会通过制度环境水平的提高而逐渐增大。此外，本章还对其进行制度环境变量的门槛效应检验，发现 Market、Gov_ index、Law_ index、Finance_ index 在不同的区间时，创新对 TFP 的影响系数差异较大，该结论也支持了假设 H3。概括来说，当使用不同的变量作为制度环境的代理变量时，各检验结果是基本稳健的，说明本章的假设检验结果具有普遍性。

表 7 - 8　制度环境、创新与服务业企业 TFP 的稳健性检验（2002 年和 2003 年）

制度环境变量	因变量：服务业企业 TFP			
	（1）	（2）	（3）	（4）
	Market	Gov_ index	Law_ index	Finance_ index
Innov_ intro	0.295 ***	0.293 ***	0.306 ***	0.313 ***
	(0.099)	(0.099)	(0.100)	(0.100)
Insti	0.107 ***	0.108 **	0.028	0.031
	(0.034)	(0.044)	(0.026)	(0.020)
Insti × Innov_ intro	0.417 *	0.127 **	0.268 **	0.381 *
	(0.248)	(0.049)	(0.107)	(0.207)

制度环境变量	因变量：服务业企业 TFP			
	（1）	（2）	（3）	（4）
	Market	Gov_ index	Law_ index	Finance_ index
lnSize	0.397***	0.398***	0.401***	0.399***
	(0.016)	(0.016)	(0.016)	(0.016)
lnAge	−0.201***	−0.204***	−0.206***	−0.207***
	(0.034)	(0.034)	(0.035)	(0.034)
lnExe_ exp	0.174***	0.173***	0.164***	0.168***
	(0.041)	(0.041)	(0.041)	(0.041)
Hum	0.319***	0.327***	0.313***	0.318***
	(0.109)	(0.109)	(0.109)	(0.109)
Own	−0.257***	−0.253***	−0.251***	−0.258***
	(0.051)	(0.051)	(0.051)	(0.051)
地区/行业	Yes	Yes	Yes	Yes
常数项	0.231	0.235	0.151	0.148
	(0.327)	(0.379)	(0.281)	(0.248)
N	787	787	787	787
Adj_ R^2	0.544	0.543	0.539	0.540
F	79.292	78.820	77.630	78.006

（2）企业创新的内生性。上文验证 H2 的回归可能存在一个关键性的约束问题，那就是衡量服务企业创新变量和 TFP 之间可能存在内生性。生产率越高的企业也越有可能具备服务创新能力，这种内生性问题的存在会使服务企业创新变量的系数估计产生"伪相关"问题。结合以往研究中对内生性问题的解决方法以及数据的可获得性，本书选取滞后一期的创新产出密度作为工具变量，并以 2002年和 2003 年样本进行 2SLS 估计。检验结果如表 7 - 9 所示，发现在控制创新和企业 TFP 的内生性问题后，以政府干预、非正常支付、融资约束定义的制度环境变量与创新密度交互项的估计系数仍为负，而法律保护、服务业开放程度与创新密度交互项的估计系数亦为正。将 2SLS 估计结果与表 7 - 3 相比较，检验结果并没有发生根本性改变。表明控制潜在的内生性问题后，制度环境对创新与 TFP 的关系仍具有一定调节效应，这一结果与假设 H2 的预期是一致的。

表7-9　制度环境、创新与服务业企业 TFP 的 2SLS 回归结果（2002 年和 2003 年）

制度环境变量	因变量：服务业企业 TFP				
	（1）	（2）	（3）	（4）	（5）
	Gov_regu	Infor_pay	Leg_envir	Opens	Finance
Innov_density	0.507	0.364	-0.122	-0.027	0.359 *
	(0.479)	(0.345)	(0.558)	(0.018)	(0.197)
Insti	-0.214	-1.197 **	0.161	1.077	-0.253 **
	(0.794)	(0.504)	(0.122)	(1.149)	(0.107)
Insti ×Innov_density	-2.375	-6.031 *	0.946	4.311	-0.319 *
	(2.109)	(3.605)	(0.715)	(4.586)	(0.165)
lnSize	0.370 ***	0.398 ***	0.338 ***	0.394 ***	0.365 ***
	(0.038)	(0.045)	(0.037)	(0.042)	(0.038)
lnAge	-0.112	-0.156	-0.071	-0.096	-0.147
	(0.096)	(0.115)	(0.095)	(0.103)	(0.095)
lnExe_exp	0.051	0.175	0.038	0.074	0.017
	(0.112)	(0.136)	(0.107)	(0.116)	(0.110)
Hum	0.332	0.156	0.123	0.235	0.047
	(0.309)	(0.335)	(0.297)	(0.309)	(0.299)
Own	-0.417 ***	-0.355 **	-0.265 *	-0.347 **	-0.272 *
	(0.148)	(0.180)	(0.160)	(0.167)	(0.157)
地区/行业	Yes	Yes	Yes	Yes	Yes
常数项	0.340	0.146	0.831	0.358	0.297
	(0.710)	(0.843)	(0.736)	(0.791)	(0.506)
弱识别检验（P 值）	0.0000	0.0000	0.0000	0.0000	0.0000
N	154	142	134	159	148
Adj_R^2	0.429	0.387	0.426	0.371	0.406

（3）制度环境、创新的生产率效应：行业差异。考虑到服务业企业的异质性，不同服务领域的企业对制度的要求侧重不同，本章将整体样本按行业性质分为知识密集型服务业企业（KIBS）和非知识密集型服务业企业（Less-KIBS）两个子样本进行分类回归。借鉴魏江等（2007）对知识密集型服务业的界定，本章将 2002 年和 2003 年合并的企业样本分为两类，行业类别为金融业、信息与通信服务业、科技服务业、商务服务业的企业定义为知识密集型服务企业，其他的归为非知识密集型服务企业，子样本检验结果如表 7-10 所示。不难看出，分行

表7-10 制度环境、创新与服务业企业TFP的分组回归结果（2002年和2003年）

因变量：服务业企业TFP

制度环境	(1) Gov_regu		(2) Infor_pay		(3) Leg_envir		(4) Opens		(5) Finance	
	Less-KIBS	KIBS	Less-KIBS	KIBS	Less-KIBS	KIBS	Less-KIBS	KIBS	Less-KIBS	KIBS
Innov_intro	0.009 (0.269)	0.455** (0.183)	0.043 (0.199)	0.338** (0.157)	-0.235 (0.262)	-0.201 (0.461)	0.037 (0.238)	0.075* (0.043)	0.273 (0.258)	0.373** (0.148)
Insti	-0.077 (0.329)	-0.104 (0.112)	-0.229 (0.699)	-1.539*** (0.578)	0.167 (0.210)	0.399*** (0.154)	0.048 (0.653)	0.181 (0.235)	-0.102** (0.050)	-0.137*** (0.043)
Insti× Innov_intro	-0.520 (1.042)	-1.130*** (0.277)	-0.669 (1.561)	-1.185 (2.651)	0.626 (0.579)	0.694* (0.355)	1.129 (2.451)	2.692 (2.884)	-0.150 (0.139)	-0.171*** (0.028)
lnSize	0.330*** (0.030)	0.416*** (0.023)	0.367*** (0.029)	0.416*** (0.025)	0.328*** (0.035)	0.443*** (0.026)	0.352*** (0.030)	0.390*** (0.022)	0.349*** (0.027)	0.375*** (0.022)
lnAge	-0.185*** (0.057)	-0.230*** (0.053)	-0.161*** (0.056)	-0.261*** (0.056)	-0.153** (0.065)	-0.327*** (0.062)	-0.147*** (0.057)	-0.281*** (0.050)	-0.087* (0.050)	-0.242*** (0.049)
lnExe_exp	0.157** (0.069)	0.216** (0.108)	0.146** (0.071)	0.196*** (0.064)	0.135 (0.082)	0.198*** (0.067)	0.121* (0.071)	0.138** (0.055)	0.075 (0.065)	0.181*** (0.054)
Hum	0.315** (0.137)	0.658*** (0.225)	0.289* (0.153)	0.557** (0.218)	0.224 (0.166)	0.581** (0.259)	0.234* (0.136)	0.586*** (0.222)	0.197 (0.132)	0.483** (0.206)
Own	-0.202** (0.095)	-0.236*** (0.073)	-0.301*** (0.091)	-0.254*** (0.082)	-0.147 (0.111)	-0.144 (0.091)	-0.314*** (0.091)	-0.271*** (0.070)	-0.241*** (0.084)	-0.196*** (0.069)
地区	Yes	Yes	Yes	Yes	Yes	Yes	Yes	Yes	Yes	Yes
常数项	0.651* (0.355)	0.719** (0.278)	0.412 (0.349)	0.589* (0.324)	0.556 (0.406)	0.685** (0.336)	0.621* (0.365)	1.240*** (0.276)	0.376 (0.311)	0.302** (0.208)
N	227	489	221	417	169	376	237	476	228	467
Adj_R²	0.443	0.493	0.501	0.516	0.459	0.511	0.485	0.539	0.512	0.498
F	18.972	48.469	23.050	45.374	15.298	40.199	23.258	56.536	24.849	47.216

业子样本的回归结果基本稳健。但值得注意的是，在该样本期间，对于非知识密集型服务企业来说，创新对企业 TFP 虽然有正向作用倾向，但未通过显著性检验，原因可能在于非知识密集型服务企业多为传统服务企业，且主要以劳动密集型为特征，导致 TFP 的增长是以加大劳动力投入和产出为主的粗放型增长，而短期内的创新产出倾向对企业 TFP 的促进并不明显；相较而言，知识密集型服务业是以知识为主要投入要素，且具有较高创新投入和创新绩效，导致创新对知识密集型服务企业的 TFP 促进效应更显著。此外，各制度环境指标对知识密集型服务企业创新与 TFP 的调节效应大于非知识密集型企业。由于知识密集型服务业企业对制度环境的依赖度和敏感度更高，导致制度环境对其创新绩效的发挥尤其重要，不断改善的制度环境能够较为显著地提高知识密集型服务企业的创新政策环境，从而更有效地发挥其对创新与企业 TFP 的正向调节效应。

本章小结

本章基于世界银行 2002 年、2003 年及 2012 年发布的中国服务业企业问卷调查数据，从企业微观层面实证检验了创新对服务业企业 TFP 的影响效应，结果表明，创新会带动企业 TFP 的显著提升，这与我国提出的"创新驱动"发展战略相一致。进一步地，考虑到转轨经济背景下中国服务业企业外部制度环境的差异性，本章重点考察了制度环境对创新与企业 TFP 关系的影响，发现制度环境对服务企业创新所带来 TFP 的提升具有一定调节效应，良好的制度环境强化了创新对服务企业 TFP 的促进作用。其中，政府干预程度、企业非正常支付和融资约束对创新与企业 TFP 的关系产生负向调节效应，而法制环境、服务业开放程度对创新与企业 TFP 的关系具有正向调节效应，即便控制可能存在的内生性和用其他变量作为制度环境的替代变量后，这种调节作用也稳健可靠。并且，本章还发现制度环境对服务业企业创新与 TFP 的关系存在门槛效应，当制度环境高于门槛值时，创新会显著促进企业 TFP 的提高，而当制度环境低于门槛值时，创新对服务业企业 TFP 的促进作用明显减弱，甚至会起到抑制作用。

第八章 结论与政策启示

一、主要研究结论

经济全球化进程的不断加快和产业技术革命的日益深化，使制造业产业分工逐步细化。越来越多的制造企业围绕产品生命周期的各个环节，不断融入能够带来市场价值的增值服务，全球制造业呈现出制造业服务化的新趋势。本书结合中国制造业企业投入服务化水平及外部制度环境，考察了服务中间投入、制度环境与企业绩效的内在联系，以及服务业企业的制度环境、创新对其绩效的影响。并力求解决以下问题：在全球"生产型制造"向"服务型制造"转型的趋势下，中国制造业投入服务化水平如何？中国制造业企业出口国内增加值和价格加成的表现如何？企业出口产品密度转换特征如何？制造业投入服务化水平是否影响了企业出口国内增加值？服务中间投入对异质性企业出口国内增加值的影响是否存在差异？影响效应随外部制度环境的变化是否存在差异？服务中间投入水平是否影响了企业价格加成率和出口产品密度转换行为？这一影响在基于服务投入国内外来源、不同服务要素投入和企业不同地区、贸易模式及所有制类型下的影响是否存在差异性？创新对中国服务业企业全要素生产率具有何种影响？制度环境对于这种影响效应的发挥是促进还是抑制？在服务业企业面临不同的制度环境背景下，这种影响效应是否存在差异？针对以上问题，本书进行了深入分析并得到以下结论：

（1）在全球价值链分工背景下，制造业企业出口中的国内增加值已成为判断企业参与国际贸易真实利得的重要标准。为此，本书基于 WIOD（2016）最新公布的 2000~2014 年 56 个部门的投入产出数据、2000~2010 年中国工业企业数据库和中国海关进出口数据库，测算了中国各制造行业的投入服务化程度，以及制造业企业的出口国内增加值率，实证检验了制造业投入服务化对企业出口国内附加值的影响效应及作用机制。研究发现，制造业投入服务化对企业出口国内增加值率的影响呈现显著的 U 形关系，这主要是因为投入服务化对不同贸易类型企业的影响存在差异，这一结论在克服或考虑了可能出现的极端值、内生性问题、数据设限、改变不同衡量指标等方面的影响后仍然成立。基于企业异质性的检验发现，制造业投入服务化对企业出口 DVAR 的影响存在贸易类型、地区、技术和所有制间的差异，一般贸易企业服务化水平的影响显著为正，而加工贸易和混合贸易企业投入服务化对出口 DVAR 产生 U 形影响效应；东部企业整体的服务化投入对企业出口 DVAR 的促进作用存在一定的阈值，而中、西部企业的促进作用并不显著；相较于高技术企业服务化投入对出口 DVAR 的正向影响，低技术企业这一影响为 U 形；制造业投入服务化对外资和民营企业出口 DVAR 的影响效应为 U 形，但还未对国有企业形成有效的促进效应。此外，基于服务要素投入异质性的检验发现，信息和通信投入服务化对企业出口 DVAR 的影响显著为正，金融保险以及专业科学技术投入服务化主要表现为 U 形，而批发零售和运输投入服务化的影响均不显著。影响机制检验发现，成本降低和技术创新是制造业投入服务化促进企业出口国内增加值提升的可能渠道。另外，市场化进程与服务业开放程度虽然整体上还未对制造业投入服务化与企业出口 DVAR 之间的关系产生显著的影响效应，但在市场化进程较快和服务业开放程度较高的地区或行业，制造业企业投入服务化将显著促进企业出口 DVAR 的提升。

（2）价格加成率反映企业将价格维持在边际成本之上的能力，与企业绩效和盈利密切相关，是度量企业动态竞争能力的关键指标（任曙明和张静，2013）。制造业企业生产过程中投入的中间服务会影响企业定价和成本，从而对价格加成产生不可忽视的影响。据此，本书从全球价值链的视角探究制造业投入服务化与企业动态竞争力之间的关系，主要考察制造业投入服务化对价格加成率的影响效应，可能的影响渠道，以及识别国内外服务投入、不同服务要素投入和企业不同技术水平、地区、所有制类型下，制造业投入服务化对企业价格加成率的差异性影响。研究结果显示，全球价值链视角下的制造业投入服务化促进了企业价格加成率的提升，这一结论对于不同的指标测度、考虑可能出现的极端值以及处理内生性问题等影响后依然稳健。通过识别服务投入国内外来源的检验发现，国内服务投入的增强将显著促进企业价格加成的提升，而国外服务投入对企业价格加成的影响显著为负。基于服务要素投入异质性的检验结果表明，运输服务投入、信息和通信服务投入，以及专业科学技术服务投入对企业价格加成的影响显著为正，而批发零售服务投入和金融保险服务投入的影响均不显著。区分不同技术水平、不同地区、不同所有制类型，以及企业是否出口时，制造业投入服务化对企业价格加成率的异质性影响，发现全球价值链视角下的制造业投入服务化显著促进了高技术企业价格加成的提升，而对低技术企业价格加成的影响为负；东中部地区企业的影响系数均显著为正，但西部地区企业的影响尚不显著；相较于服务投入对出口企业价格加成的正向影响，非出口企业的这一影响为负；此外，制造业投入服务化对民营和外资企业价格加成的提升作用更强，而对国有企业还未产生显著的促进效应。通过构建中介效应模型检验制造业投入服务化对企业价格加成的影响机制发现，成本降低和技术创新是制造业投入服务化提高企业价格加成的可能渠道。

（3）企业出口多种产品是对外贸易领域的一种常态，企业内产品转换行为是实现资源优化配置的方式（Bernard et al.，2011），且多产品的企业的产品转换行为对贸易结构、贸易增长和贸易利得都有着重要影响（易靖韬等，2017）。为此，本书以 2000 ~ 2010 年中国工业企业数据库和中国海关进出口数据库合并匹配的制造业出口企业为研究样本，测算了企业出口产品的要素密度转换情况，利用基于 WIOD（2016）公布的投入产出数据，测度得到的全球价值链视角下中国各制造行业的投入服务化程度，识别了制造业投入服务化对企业出口产品的要素密度转换的影响效应，并进一步考察了企业出口产品的要素密度转换对企业出口国内增加值率和企业价格加成的影响，以及聚焦于中国各地区和行业的制度环境，探讨制度环境对制造业投入服务化与企业出口产品密度转换之间关系的调节效应。研究发现，制造业投入服务化促进了企业出口产品密度种类的变动，且更显著地促进了企业出口要素密度种类更高的产品。制造业的服务中间投入有利于企业通过出口产品转换，增加高要素密度的产品种类，减少低要素密度的产品种类。区分服务要素投入异质性的检验发现，批发零售、信息和通信、金融保险以及专业科学技术的服务中间投入都会使企业出口产品的密度种类发生变换，并促进企业出口要素密度更高的产品种类，但金融保险和专业科学技术服务投入更有助于产品密度种类的上升，而运输服务投入的增强对产品要素密度转换的影响并不明显。识别服务投入国内外来源的检验发现，国内和国外服务投入都会使企业出口产品的密度发生转换，但国外服务投入对促进产品的密度种类上升的作用更强。此外，发现东中部地区服务中间投入可以促进企业出口产品密度的转换，尤其是促进企业出口要素密度种类更高的产品，但西部地区企业的影响尚不显著；相较于制造业投入服务化对一般贸易和混合贸易企业产品密度提升的正向影响，加工贸易的这一影响尚不显著；服务中间投入有利于民营企业出口产品密度种类的上升，而对国有企业和外资企业还未产生显著促进效应。出口产品要素密度发生转换及出口产品要素密度的上升，有助于企业价格加成水平的提高。企业出口产品密度种类发生转换及各类变动，对企业出口国内增加值率的影响都显著为正。此外，通过纳入外部制度环境的调节效应检验，发现市场化程度和服务业开放程度对制造业投入服务化与企业出口产品要素密度上升的关系具有正向调节效应，市场化进程和服务业开放程度越高，制造业投入服务化越能促进企业出口要素密度更高的产品。

（4）服务业（尤其是现代服务业）作为国民经济的重要组成部分，其生产率的高低不仅对服务业的增加值起决定作用，还会影响制造业的投入产出效率和专业化分工程度，对于一国经济发展的重要意义不言而喻。据此，本书基于世界银行2002年、2003年及2012年发布的中国服务业企业问卷调查数据，从微观层面探讨经济转轨过程中创新对服务业企业TFP的影响效应，以及制度环境因素在两者关系中起何种作用，关于制度环境的衡量，本书综合考虑了企业个体对环境变化的认知和实际环境本身，既采用主观的服务业企业家个体感知指标进行度量，又用客观的市场化进程指数进行稳健性检验。研究结果表明，创新会带动企业TFP的显著提升，这与我国提出的"创新驱动"发展战略相一致。进一步地，考虑到转轨经济背景下中国服务业企业外部制度环境的差异性，本章重点考察了制度环境对创新与企业TFP关系的影响，发现制度环境对服务企业创新所带来TFP的提升具有一定调节效应，良好的制度环境强化了创新对服务企业TFP的促进作用。其中，政府干预程度、企业非正常支付和融资约束对创新与企业TFP的关系产生负向调节效应，而法制环境、服务业开放程度对创新与企业 TFP 的关系具有正向调节效应，即便控制可能存在的内生性和用其他变量作为制度环境的替代变量后，这种调节作用也稳健可靠。并且，本书还发现制度环境对服务业企业创新与 TFP 的关系存在门槛效应，当制度环境高于门槛值时，创新会显著促进企业 TFP 的提高，而当制度环境低于门槛值时，创新对服务业企业 TFP 的促进作用明显减弱，甚至会起到抑制作用。

二、相应政策启示

（1）加快推进制造业投入服务化进程。制造业投入服务化将显著促进一般贸易企业和高技术企业出口国内增加值的提升，且有利于提升我国制造业企业的价格加成定价能力和促进企业出口要素密度种类更高的产品，因此应加快推进制造业投入服务化进程。首先，要提升企业核心竞争力，增强对高端服务的市场需求。制造业企业的竞争策略要从主要依赖成本优势和价格竞争，向以技术进步为支撑的质量优势与品牌竞争转化，逐步提高与产品制造相关的信息、金融、营销等服务支出比重，使研发设计、信息技术等高附加值服务成为推动企业绩效提升的主要动力。其次，要坚持现代服务业和先进制造业双轮驱动、融合发展。鼓励引导制造业企业围绕产品功能扩展服务业务，发展仓储物流、维护支持、电子商务等专业服务和增值服务，降低企业边际成本，提升企业绩效。此外，充分考虑到制造业投入服务化对不同技术水平、不同地区、不同所有制类型等企业绩效的异质性影响，有针对性地推进制造业投入服务化。一方面，要提高制造业企业的服务要素投入，特别是在一般贸易和高技术企业，以信息通信、金融保险以及专业科学技术投入服务化为重点，制造业企业要逐步提高与产品制造相关的信息、金融等服务支出比重，增强企业对高端服务的市场需求。另一方面，要逐步提升中西部地区的现代服务业发展水平，通过引进民营、外资打破国有企业垄断地位，推动加工贸易企业向产业链的上、下游拓展，围绕研发、设计、营销、售后等多个环节，不断融入服务要素和内容，抢占价值链高端环节，提高企业绩效和核心竞争力。

（2）降低企业成本，加快企业技术创新。成本降低和技术创新是制造业投入服务化促进企业绩效提升的可能渠道，这意味着，为了充分发挥制造业投入服务化对企业绩效的促进效应，继续推进降成本和技术创新是一项正确的政策措施。因此，应贯彻落实中央供给侧结构性改革任务中关于降低制度性交易成本、企业税费负担、社会保险费、财务成本、电力价格、物流成本六方面做出的重要部署，降低企业成本，提高全要素生产率。此外，应加快企业技术创新，一方面要增加企业的研发投入，培育丰富的知识资本和人力资本，并引导企业和科研单位以及其他企业在更广阔、更前沿的领域进行协同创新；另一方面要增强制造业企业的服务创新特性，创新与企业生产相配套的包括研发设计、信息系统、战略咨询、维护服务等在内的服务系统，推动具有创新理念的新产品、新服务的发展，强化创新对技术密集型高端制造业的服务支撑，充分发挥制造业投入服务化对企业绩效提升的积极作用。

（3）完善制造业投入服务化的制度环境。制造业投入服务化对企业绩效的促进效应还会受到企业外部制度环境的影响，在市场化进程较快和服务业开放程度较高的地区或行业，企业投入服务化将显著促进其绩效的提升。近年来，中国制造业服务已开始步入强化顶层设计、全方位推进的新阶段。因此在新一轮全方位对外开放格局逐步展开的背景下，应围绕《发展服务型制造专项行动指南》等要求，建设和完善服务业市场开放平台，加快推进金融、电信、教育、文化等服务业领域开放，贯彻落实支持制造业服务化的税收、财政、金融等政策。抓住国家"一带一路"倡议历史机遇，积极推动工程总包、方案设计、融资租赁等服务业发展。通过加强制造业服务化的资金、人才、知识产权等方面的政策保障，促进制造业服务化对提升企业绩效的积极作用，实现制造业企业竞争优势的提升。

（4）面对我国经济在转型升级中步入中高速发展的"新常态"，实施"创新驱动"发展战略，依靠技术进步能够有效改善我国服务业全要素生产率不高的局面，但前提是要有与创新战略相匹配的制度环境，制度环境是企业技术创新的基础和前提，是创新主体最重要的生存环境，只有在良好的制度保障下，才能充分释放创新促进服务业生产率提高的潜力。为此，一方面，要加快将"创新驱动"发展战略落实到服务业领域，加强对服务业重点领域的创新投入，实现服务业创新主体的多元化；另一方面，要加速服务领域市场化进程，进一步转变政府职能，积极有序推进服务业对外开放，在知识产权保护、人力资源投入、市场法制建设、投融资支持等方面营造有利于服务业企业创新的制度环境，从而为服务业企业创新驱动发展提供一个良好的、常态化的制度保障，使服务业全要素生产率提高成为新常态下经济发展的主动力。

参考文献

[1] Acquaah M, Yasai – Ardekani M. Does the implementation of a combination competitive strategy yield incremental performance benefits? A new perspective from a transition economy in Sub – Saharan Africa [J]. Journal of Business Research, 2008, 61 (4): 346 – 354.

[2] Aghion P, Bloom N, Blundell R, et al.. Competition and innovation: An inverted – U relationship [J]. The Quarterly Journal of Economics, 2005, 120 (2): 701 – 728.

[3] Ahn J B, Khandelwal A K, Wei S J. The role of intermediaries in facilitating trade [J]. Journal of International Economics, 2011, 84 (1): 73 – 85.

[4] Amiti M, Khandelwal A K. Import competition and quality upgrading [J]. Review of Economics and Statistics, 2013, 95 (2): 476 – 490.

[5] Amiti M, Wei S J. Service offshoring and productivity: Evidence from the US [J]. The World Economy, 2009, 32 (2): 203 – 220.

[6] Anderson J E, Wincoop E V. Trade Costs [J]. Journal of Economic Literature, 2004, 42 (3): 691 – 751.

[7] Antioco M, Moenaert R K, Lindgreen A, et al.. Organizational antecedents to and consequences of service business orientations in manufacturing companies [J]. Journal of the Academy of Marketing Science, 2008, 36 (3): 337 – 358.

[8] Araujo L, Spring M. Services, products, and the institutional structure of production [J]. Industrial Marketing Management, 2006, 35 (7): 797 – 805.

[9] Arkolakis C, et al.. The elusive pro – competitive effects of trade [Z]. NBER Working Papers, 2015.

[10] Arnold J M, Mattoo A, Narciso G. Services inputs and firm productivity in Sub – Saharan Africa: Evidence from firm – level data [J]. Journal of African Economies, 2008, 17 (4): 578 – 599.

[11] Arnold J, Javorcik B S, Mattoo A. Does services liberalization benefit manufacturing firms? Evidence from the Czech Republic [Z]. The World Bank, 2007.

[12] Atkeson A, Burstein A. Pricing – to – market, trade costs, and international relative prices [J]. The American Economic Review, 2008, 98 (5): 1998 – 2031.

[13] Aupperle K. An empirical examination of the relationship between corporate responsibility and profitability [J]. The Academy of Management Journal, 1985, 28 (2): 446 – 463.

[14] Baggs J, Brander J A. Trade liberalization, profitability, and financial leverage [J]. Journal of International Business Studies, 2006, 37 (2): 196 – 211.

[15] Baines T S, Lightfoot H, Benedettini O, et al.. The adoption of servitization strategies by UK – based manufacturers [J]. Journal of Engineering Manufacture, 2010, 224 (5): 815 – 829.

[16] Banga R, Goldar B. Contribution of services to output growth and productivity in Indian manufacturing: Pre and Post Reforms [J]. Economic and Political Weekly, 2007, 42 (26): 2769 – 2777.

[17] Baron R M, Kenny D A. The moderator – mediator variable distinction in social psychological research: Conceptual, strategic, and statistical considerations [J]. Journal of Personality and Social Psychology, 1986, 51 (6): 1173.

[18] Barseghyan L. Entry costs and cross – country differences in productivity and output [J]. Journal of Economic Growth, 2008, 13 (2): 145 – 167.

[19] Bas M. Does services liberalization affect manufacturing firms' export performance? Evidence from India [J]. Journal of Comparative Economics, 2014, 42 (3): 569 – 589.

[20] Benedettini O, Neely A, Swink M. Service types and their differential risk

effects for manufacturing firms: As empirical analysis [C]. In Proceedings of the Spring Servitization Conference, 2013 (6): 15 – 20.

[21] Berand A L.. From agriculture to services: The transformation of industrial employment [Z]. Sage Librarg of Social Research, 1978.

[22] Bernard A B, Jensen J B. Exceptional exporter performance: Cause, effect, or both? [J]. Journal of International Economics, 1999, 47 (1): 1 – 25.

[23] Bernard A B, Jensen J, Schott P K. Trade costs, firms and productivity [J]. Journal of Monetary Economics, 2006, 53 (5): 917 – 937.

[24] Bernard A B, Kortum S. Plants and productivity in international trade [J]. Boston University – institute for Economic Development, 2003, 93 (4): 1268 – 1290.

[25] Bernard A B, Redding S J, Schott P K. Multiproduct firms and trade liberalization [J]. The Quarterly Journal of Economics, 2011, 126 (3): 1271 – 1318.

[26] Bertrand M, Schoar A, Thesmar D. Bank deregulation and industry structure: Evidence from the French banking reforms of 1985 [J]. Journal of Finance, 2007, 62 (2): 597 – 628.

[27] Besedes T, Blyde J. What drives export survival? An analysis of export duration in Latin America [J]. Inter – American Development Bank, 2010 (1): 1 – 43.

[28] Beverelli C, Fiorini M, Hoekman B. Services trade policy and manufacturing productivity: The role of institutions [J]. Journal of International Economics, 2017 (104): 166 – 182.

[29] Bonaccorsi A. On the relationship between firm size and export intensity [J]. Journal of International Business Studies, 1992, 23 (4): 605 – 635.

[30] Bourlès R, Cette G, Lopez J, et al.. Do product market regulations in upstream sectors curb productivity growth? Panel data evidence for OECD countries [J]. Review of Economics and Statistics, 2013, 95 (5): 1750 – 1768.

[31] Bowen D E, Siehl C, Schneider B. A framework for analyzing customer service orientations in manufacturing [J]. The Academy of Management Review,

1989, 14 （1）: 75 - 95.

［32］ Brandt L, J V Biesebroeck, Y Zhang. Creative accounting or creative destruction? Firm - level productivity growth in Chinese manufacturing ［J］. Journal of Development Economics, 2012, 97 （2）: 339 - 351.

［33］ Brax S. A manufacturer becoming service provider - challenges and a paradox ［J］. Jorunal of Service Theory and Practice, 2012, 15 （2）: 142 - 155.

［34］ Brush C G, Vanderwerf P A. A comparison of methods and sources for obtaining estimates of new venture performance ［J］. Journal of Business Venturing, 1992, 7 （2）: 157 - 170.

［35］ Cainelli G, Evangelista R, Savona M. Innovation and economic performance in services: A firm - level analysis ［J］. Cambridge Journal of Economics, 2006, 30 （3）: 435 - 458.

［36］ Castellani D, Serti F, Tomasi C. Firms in international trade: Importers' and exporters' heterogeneity in Italian manufacturing industry ［J］. The World Economy, 2010, 33 （3）: 424 - 457.

［37］ Cette G, Lopez J, Mairesse J. Upstream product market regulations, ICT, R&D and productivity ［Z］. Working Papers, 2013.

［38］ Conway P, De Rosa D, Nicoletti G, et al. Regulation, competition and productivity convergence ［Z］. OECD Economics Department Working Paper, 2006.

［39］ Cooper R G, Kleinschmidt E J. The impact of export strategy on export sales performance ［J］. Journal of International Business Studies, 1985, 16: 37 - 55.

［40］ Coviello N E, Munro H J. Growing the entrepreneurial firm: Networking for international market development ［J］. European Journal of Marketing, 1995, 29 （7）: 49 - 61.

［41］ Culpan R. Export behavior of firms: Relevance of firm size ［J］. Journal of Business Research, 1989, 18 （3）: 207 - 218.

［42］ David B C, Elliott W B , Hanlon M. How firms avoid losses: Evidence of use of the net deferred tax asset account ［J］. SSRN Electronic Journal, 2002.

［43］ De Loecker J, Warzynski F. Markups and firm - level export status ［J］.

American Economic Review, 2012, 102 (6): 2437 –2471.

[44] Desmet K, Fafchamps M. Changes in the spatial concentration of employment across US counties: A sectoral analysis 1972 – 2000 [J]. Journal of Economic Geography, 2005, 5 (3): 261 – 184.

[45] Dess G G , Davis P S. Porter's (1980) generic strategies as determinants of strategic group membership and organizational performance [J]. The Academy of Management Journal, 1984, 27 (3): 467 –488.

[46] Domowitz I, Petersen H B C. Business cycles and the relationship between concentration and price – cost margins [J]. The Rand Journal of Economics, 1986, 17 (1): 1 –17.

[47] Donthu N, Kim S H. Implications of firm controllable factors on export growth [J]. Journal of Global Marketing, 1993, 7 (1): 47 –64.

[48] Duggan V, Rahardja S, Varela G. Service sector reform and manufacturing Productivity: Evidence from Indonesia [Z]. Policy Research Working Paper, 2013.

[49] Edwards J R, Lambert L S. Methods for integrating moderation and mediation: A general analytical framework using moderated path analysis [J]. Psychological Methods, 2007, 12 (1): 1.

[50] Eggert A, Hogreve J, Ulaga W, et al.. Industrial services, product innovations, and firm profitability: A multiple – group latent growth curve analysis [J]. Industrial Marketing Management, 2011, 40 (5): 661 –670.

[51] Eschenbach F, Hoekman B. Services policies in transition economies: On the EU and WTO as commitment mechanisms [J]. World Trade Review, 2006, 5 (3): 415 –443.

[52] Falk M, Peng F. The increasing service intensity of European manufacturing [J]. The Service Industries Journal, 2013 (33): 1686 –1706.

[53] Fang E, Palmatier R, Steenkamp J. Effect of service transition strategies on firm value [J]. Journal of Marketing, 2008, 72 (5): 1 –14.

[54] Fang V W, Noe T H, Tice S. Stock market liquidity and firm value [J]. Journal of Financial Economics, 2009, 94 (1): 150 –169.

［55］Feenstra R C, Li Z, Yu M. Exports and credit constraints under incomplete information: Theory and evidence from China ［J］. Review of Economics and Statistics, 2014, 96 (4): 729 – 744.

［56］Fernandes A M, Paunov C. Foreign direct investment in services and manufacturing productivity: Evidence for Chile ［J］. Journal of Development Economics, 2012, 97 (2): 305 – 321.

［57］Fishbein B K, L S McGarry, P S Dillon. Leasing: A Step toward producer responsibility ［M］. NY: Inform, 2000.

［58］Francois J F. Trade in Producer services and returns due to specialization under monopolistic competition ［J］. The Canadian Journal of Economics, 1990, 23 (1): 109 – 124.

［59］Gebauer H, Fleisch E, Friedli T. Overcoming the service paradox in manufacturing companies ［J］. European Management Journal, 2005, 23 (1): 14 – 26.

［60］Gebauer H, Fleisch E. An investigation of the relationship between behavioral processes, motivation, investments in the service business and service revenue ［J］. Industrial Marketing Management, 2007, 36 (3): 337 – 348.

［61］Gebauer H. Identifying service strategies in product manufacturing companies by exploring environment – strategy configurations ［J］. Industrial Marketing Management, 2008, 37 (3): 278 – 291.

［62］Grawe S J, Chen H, Daugherty P J. The relationship between strategic orientation, service innovation, and performance ［J］. International Journal of Physical Distribution & Logistics Management, 2009, 39 (4): 282 – 300.

［63］Grossman G M, Rossi – Hansberg E. External economies and international trade redux ［J］. The Quarterly Journal of Economics, 2010, 125 (2): 829 – 858.

［64］Grossman G M, Rossi – Hansberg E. Trading tasks: A simple theory of offshoring ［J］. The American Economic Review, 2008, 98 (5): 1978 – 1997.

［65］Gu W, Lafrance A. Productivity growth in Canadian and US regulated industries ［J］. Canadian Productivity Review, 2008 (20): 1 – 27.

［66］Gunter L, Giacomo C, Angela J, et al.. The relevance of service in European manufacturing industries [J]. Journal of Service Management, 2010, 21 (5): 715 - 726.

[67] Görg H, Hanley A, Strobl E. Productivity effects of international outsourcing: Evidence from plant level data [J]. The Canadian Journal of Economics, 2008, 41 (2): 670 - 688.

[68] Hall R E, Jones C I. Why do some countries produce so much output per worker than others [J]. Quarterly Journal of Economics, 1999, 114 (1): 83 - 116.

[69] Hambrick D C. High profit strategies in mature capital goods industries: A contingency approach [J]. The Academy of Management Journal, 1983, 26 (4): 687 - 707.

[70] Hansen B E. Threshold effects in non - dynamic panels: Estimation, testing and inference [J]. Journal of Econometrics, 1999, 93 (2): 345 - 368.

[71] Hausmann R, Hwang J, Rodrik D. What you export matters [J]. Journal of Economic Growth, 2007, 12 (1): 1 - 25.

[72] Head K, Ries J C. Heterogeneity and the FDI versus export decision of Japanese manufacturers [J]. Journal of the Japanese and International Economies, 2003, 17 (4): 448 - 467.

[73] Helpman E, Rubinstein Y. Estimating trade flows: Trading partners and trading volumes [J]. The Quarterly Journal of Economics, 2008, 123 (2): 441 - 487.

[74] Hoekman B, Shepherd B. Services productivity, trade policy and manufacturing exports [J]. The World Economy, 2015, 40 (3): 499 - 516.

[75] Homburg C, Hoyer W D, Fassnacht M. Service orientation of a retailer's business strategy: Dimensions, antecedents, and performance outcomes [J]. Journal of Marketing, 2002, 66 (4): 86 - 101.

[76] Hull C E, Rothenberg S. Firm performance: The interactions of corporate social performance with innovation and industry differentiation [J]. Strategic Management Journal, 2008, 29 (7): 781 - 789.

[77] Hummels D, Ishii J, Yi K M. The nature and growth of vertical specializa-

tion in world trade [J]. Journal of International Economics, 2001, 54 (1): 75 – 96.

[78] Ito K, Pucik V. R&D spending, domestic competition, and export perform-ance of Japanese manufacturing firms [J]. Strategic Management Journal, 1993, 14 (1): 61 – 75.

[79] James L R, Brett J M. Mediators, moderators, and tests for mediation [J]. Journal of Applied Psychology, 1984, 69 (2): 307 – 321.

[80] Johnson R C, Noguera G. Accounting for intermediates: Production sharing and trade in value added [J]. Journal of International Economics, 2012, 86 (2): 224 – 236.

[81] Kaplan R S, Norton D P. The balanced scorecard—measures that drive per-formance [J]. Harvard Business Review, 1992, 70 (1): 71 – 79.

[82] Kee H L, Tang H. Domestic value added in exports: Theory and firm evi-dence from China [J]. The American Economic Review, 2016, 106 (6): 1402 – 1436.

[83] Keeble D, Wilkinson F. High – technology clusters, networking and collec-tive learning in Europe [M]. Aldershot: Ashgate, 2000.

[84] Kim E, Nam D I, Stimpert J L. The applicability of porter's generic strate-gies in the digital age: Assumptions, conjectures, and suggestions [J]. Journal of Management, 2004, 30 (5): 569 – 589.

[85] Kohli U R. A gross national product function and the derived demand for imports and supply of exports [J]. The Canadian Journal of Economics, 1978, 11 (2): 167 – 182.

[86] Kohtamäki M, Partanen J, Parida V, et al.. Non – linear relationship be-tween industrial service offering and sales growth: The moderating role of network capa-bilities [J]. Industrial Marketing Management, 2013, 42 (8): 1374 – 1385.

[87] Koopman R, et al.. Tracing value – added and double counting in gross ex-ports [J]. The American Economic Review, 2014, 104 (2): 459 – 494.

[88] Koopman R, Wang Z, Wei S J. Estimating domestic content in exports when processing trade is pervasive [J]. Journal of Development Economics, 2012, 99

(1): 178 - 189.

[89] Kugler M, Verhoogen E. Prices, plant size, and product quality [J]. The Review of Economic Studies, 2012, 79 (1): 307 - 339.

[90] Kumar A, Lee C M C. Retail investor sentiment and return comovements [J]. The Journal of Finance, 2006, 61 (5): 2451 - 2486.

[91] Lall S. The technological structure and performance of developing country manufactured exports, 1985 - 98 [J]. Oxford Development Studies, 2000, 28 (3): 337 - 369.

[92] Lawless H T, Malone G J. Comparison of rating scales: Sensitivity, replicates and relative measurement [J]. Journal of Sensory Studies, 2010, 1 (2): 155 - 174.

[93] Levinsohn J, Petrin A. Estimating production functions using inputs to control for unobservables [J]. The Review of Economic Studies, 2003, 70 (2): 317 - 341.

[94] Lightfoot H W, Baines T, Smart P. Examining the information and communication technologies enabling servitized manufacture [J]. Proceedings of the Institution of Mechanical Engineers, 2011, 225 (10): 1964 - 1968.

[95] Lluís S, MaríaJ N, Ian M. Service innovation in manufacturing firms: Evidence from Spain [J]. Technovation, 2012, 32 (2): 144 - 155.

[96] Loayza N V, Chang R, Kaltani L. Openness can be good for growth: The role of policy complementarities [J]. Journal of Development Economics, 2009, 90 (1): 33 - 49.

[97] Lodefalk M. The role of services for manufacturing firm exports [J]. Review of World Economics, 2014, 150 (1): 59 - 82.

[98] Love J H, Roper S, Hewitt - Dundas N. Service innovation, embeddedness and business performance: Evidence from Northern Ireland [J]. Regional Studies, 2010, 44 (8): 983 - 1004.

[99] Low P. The role of services in global value chains [Z]. Fung Global Institute Working Paper, 2013.

[100] Maine E M , Vining S A R. The role of clustering in the growth of new technology – based firms [J]. Small Business Economics, 2010, 34 (2): 127 – 146.

[101] Makower J. The clean revolution: Technologies from the Leading Edge [C]. Presented at the Global Business Network Worlding Meeting, 2001.

[102] Malmberg A, Malmberg B, Lundequist P. Agglomeration and firm perform- ance: Economies of scale, localisation, and urbanisation among Swedish export firms [J]. Environment and Planning A, 2000, 32 (2): 305 – 321.

[103] Mansury M A, Love J H. Innovation, productivity and growth in US busi- ness services: A firm – level analysis [J]. Technovation, 2008, 28 (1): 52 – 62.

[104] Mathieu V. Service strategies within the manufacturing sector: Benefits, costs and partnership [J]. International Journal of Service Industry Management, 2001, 12 (5): 451 – 475.

[105] Mattoo A, Subramanian A, Rathindran R. Measuring services trade liber- alization and its impact on economic growth: An Illustration [J]. Journal of Economic Integration, 1999 (21): 64 – 98.

[106] Mcgee J E, Dowling M J, Megginson W L. Cooperative strategy and new venture performance: The role of business strategy and management experience [J]. Strategic Management Journal, 1995, 16 (7): 565 – 580.

[107] Melitz M J, Ottaviano G I P. Market size, trade, and productivity [J]. Review of Economic Studies, 2008, 75 (1): 295 – 316.

[108] Melitz M J. The impact of trade on intra - industry reallocations and ag- gregate industry productivity [J]. Econometrica, 2003, 71 (6): 1695 – 1725.

[109] Miroudot S, Cadestin C. Services in global value chains: From inputs to value – creating activities [Z]. OECD Trade Policy Papers, 2017.

[110] Moreno R, López – Bazo E, Artís M. Public infrastructure and the per- formance of manufacturing industries: Short – and long – run effects [J]. Regional Science and Urban Economics, 2002, 32 (1): 97 – 121.

[111] Moskowitz M. Choosing socially responsible stocks [J]. Business and

Society Review, 1972.

[112] Musolesi A, Huiban J P. Innovation and productivity in knowledge intensive business services [J] . Journal of Productivity Analysis, 2010, 34 (1): 63 –81.

[113] Muuls M, Pisu M. Imports and exports at the level of the firm: Evidence from Belgium [J] . The World Economy, 2009, 32 (5): 692 –734.

[114] Nee V. Organizational dynamics of market transition: Hybrid forms, property rights, and mixed economy in China [J] . Administrative Science Quarterly, 1992, 37 (1): 1 –27.

[115] Neely A, Benedettini O, Visnjic I. The servitization of manufacturing: Further evidence [C] . 18th European Operations Management Association Conference, 2011.

[116] Neely A. Exploring the financial consequences of the servitization of manufacturing [J] . Operations Management Research, 2008, 1 (2): 103 –118.

[117] Nicoletti G, Scarpetta S. Regulation, productivity and growth: OECD evidence [J] . Economic Policy, 2003, 18 (36): 9 –72.

[118] North D C, Thomas R P. The rise of the western world: A new economic history [M] . Cambridge: Cambridge University Press, 1973.

[119] North D C. Institutions, institutional change and economic performance [M] . Cambridge: Cambridge University Press, 1990.

[120] Oliva R, Kallenberg R. Managing the transition from products to services [J] . International Journal of Service Industry Management, 2003, 14 (2): 160 –172.

[121] Oliveira P, Von Hippel E A. Users as service innovators: The case of banking services [J] . Research Policy, 2011, 40 (6): 806 –818.

[122] Olley S, Pakes A. The dynamics of productivity in the telecommunications equipment industry [J] . Econometrica, 1996, 64 (6): 1263 –1297.

[123] Park S H. Intersectoral relationships between manufacturing and services: New evidence from selected Pacific Basin countries [J] . ASEAN Economic Bulletin, 1994, 10 (3): 245 –263.

[124] Parker B, Helms M M. Generic strategies and firm performance in a decli-

ning industry [J]. Mir Management International Review, 1992, 32 (1): 23 – 39.

[125] Peng M W, Heath P S. The growth of the firm in planned economies in transition: Institutions, organizations, and strategic choice [J]. The Academy of Management Review, 1996, 21 (2): 492 – 528.

[126] Puzzello L. A proportionality assumption and measurement biases in the factor content of trade [J]. Journal of International Economics, 2012, 87 (1): 105 – 111.

[127] Raven P V, McCullough J M, Tansuhaj P S. Environmental influences and decision – making uncertainty in export channels: Effects on satisfaction and performance [J]. Journal of International Marketing, 1994, 2 (3): 37 – 59.

[128] Reinartz W, Ulaga W. How to sell services more profitably [J]. Harvard Business Review, 2008, 86 (5): 90 – 96.

[129] Reiskin E D, A L White, J K Johnson, T J Votta. Servicizing the chemical supply chain [J]. Journal of Industrial Ecology, 1999, 3 (2 – 3): 19 – 31.

[130] Ren G, Gregory M. Servitization in manufacturing companies: A conceptualization, critical review, and research agenda [J]. Journal of the Japan Welding Society, 2007, 66 (12): 151 – 155.

[131] Robinson R B, Pearce J A. Planned patterns of strategic behavior and their relationship to business – unit performance [J]. Strategic Management Journal, 1988, 9 (1): 43 – 60.

[132] Ruf B M, Muralidhar K, Brown R M, et al.. An empirical investigation of the relationship between change in corporate social performance and financial performance: A stakeholder theory perspective [J]. Journal of Business Ethics, 2001, 32 (2): 143 – 156.

[133] Saliola F, Seker M. Total factor productivity across the developing world [Z]. The World Bank, 2011.

[134] Samiee S, Walters P G P. Influence of firm size on export planning and performance [J]. Journal of Business Research, 1990, 20 (3): 235 – 248.

[135] Scherer F M. Firm size, market structure, opportunity, and the output of

patented inventions [J]. The American Economic Review, 1965, 55 (5): 1097 – 1125.

[136] Schiffbauer M, Ospina S. Competition and firm productivity: Evidence from firm – level Data [J]. Social Science Electronic Publishing, 2010, 10 (67): 1 – 34.

[137] Simon C J, Nardinelli C. Human capital and the rise of American cities, 1900 – 1990 [J]. Regional Science and Urban Economics, 2002, 32 (1): 59 – 96.

[138] Sjöholm F. Which Indonesian firms export? The importance of foreign networks [J]. Papers in Regional Science, 2003, 82 (3): 333 – 350.

[139] Standifird S S, Weinstein M. Establishing legitimacy in emerging markets: An empirical comparison of the Warsaw, Budapest, and Prague stock exchanges [J]. Journal of Comparative Policy Analysis: Research and Practice, 2002, 4 (2): 143 – 163.

[140] Szalavetz A. 'Tertiarization' of manufacturing industry in the new economy experiences in Hungarian companies [Z]. IWE Working Papers, 2003.

[141] Tan J, Li S, Xia J. When iron fist, visible hand, and invisible hand meet: Firm – level effects of varying institutional environments in China [J]. Journal of Business Research, 2007, 60 (7): 786 – 794.

[142] Temouri Y, Vogel A, Wagner J. Self – selection into export markets by business services firms – evidence from France, Germany and the United Kingdom [J]. Structural Change and Economic Dynamics, 2013 (25): 146 – 158.

[143] Upward R, Z Wang, J Zheng. Weighing China's export basket: The domestic content and technology intensity of Chinese exports [J]. Journal of Comparative Economics, 2013, 41 (2): 527 – 543.

[144] Vandermerwe S, Rada J. Servitization of business: Adding value by adding services [J]. European Management Journal, 1988, 6 (4): 314 – 324.

[145] Vargo S L, Lusch R F. Service dominant logic: Continuing the evolution [J]. Journal of the Academy of Marketing Science, 2008, 36 (1): 1 – 10.

[146] Vickery S K, Jayaram J, Droge C, et al.. The effects of an integrative

supply chain strategy on customer service and financial performance: An analysis of direct versus indirect relationships [J]. Journal of Operations Management, 2003, 21 (5): 523 –539.

[147] Visnjic I, Neely A, Wiengarten F. Another performance paradox?: A refined view on the performance impact of servitization [Z]. Esade Working Paper, 2012.

[148] Visnjic I, Van Looy B. Manufacturing firms diversifying into services: A conceptual and empirical assessment [C]. Proceedings of the 20th POMS Conference, Orlando, Florida, 2009.

[149] Watanabe C, Hur J Y. Firm strategy in shifting to service – oriented manufacturing – the case of Japan's electrical machinery industry [J]. Journal of Services Research, 2004, 4 (1): 6 –22.

[150] White A L, Stoughton M, Feng L. Servicizing: The quiet transition to extended product responsibility [J]. Tellus Institute, 2002 (1): 1 –10.

[151] Wolfmayr Y. Producer services and competitiveness of manufacturing exports [R]. FIW Research Reports Series, 2008.

[152] Wooldridge J M. On estimating firm – level production functions using proxy variables to control for unobservables [J]. Economics Letters, 2009, 104 (3): 112 –114.

[153] Wright R. The welfare costs of moderate inflations: Comment [J]. Journal of Money, Credit and Banking, 1991, 23 (3): 513 –518.

[154] Yermack D. Higher market valuation of companies with a small board of directors [J]. Journal of Financial Economics, 1996, 35 (3): 451 –469.

[155] Yoffie D B, Riddle D I. Service – led growth: The role of the service sector in the world development [J]. The American Journal of International Law, 1988, 82 (1): 224.

[156] Zou S, Taylor C R, Osland G E. The EXPERF scale: A cross – national generalized export performance measure [J]. Journal of International Marketing, 1998: 37 –58.

［157］安筱鹏．制造业服务化路线图：机理、模式与选择［M］．北京：商务印书馆，2012．

［158］白清．生产性服务业促进制造业升级的机制分析——基于全球价值链视角［J］．财经问题研究，2015（4）：17－23．

［159］陈洁雄．制造业服务化与经营绩效的实证检验——基于中美上市公司的比较［J］．商业经济与管理，2010（4）：33－41．

［160］陈丽娴，沈鸿．制造业服务化如何影响企业绩效和要素结构——基于上市公司数据的 PSM－DID 实证分析［J］．经济学动态，2017（5）：64－77．

［161］陈丽娴．制造业企业服务化战略选择与绩效分析［J］．统计研究，2017，34（9）：16－27．

［162］陈漫，张新国．经济周期下的中国制造企业服务转型：嵌入还是混入［J］．中国工业经济，2016（8）：93－109．

［163］陈秀英．制造业投入服务化对制造业价值链攀升影响的实证研究［J］．经济问题探索，2016（7）：112－118．

［164］陈艳莹，原毅军，游闽．中国服务业进入退出的影响因素——地区和行业面板数据的实证研究［J］．中国工业经济，2008（10）：75－84．

［165］陈勇兵，李燕，周世民．中国企业出口持续时间及其决定因素［J］．经济研究，2012，47（7）：48－61．

［166］程大中．中国参与全球价值链分工的程度及演变趋势——基于跨国投入—产出分析［J］．经济研究，2015，50（9）：4－16，99．

［167］程大中．中国经济正在趋向服务化吗？——基于服务业产出、就业、消费和贸易的统计分析［J］．统计研究，2008（9）：36－43．

［168］戴翔．中国制造业出口内涵服务价值演进及因素决定［J］．经济研究，2016，51（9）：44－57，174．

［169］杜运苏，彭冬冬．内涵服务与中国制造业分工地位提升：出口增加值视角［J］．经济理论与经济管理，2018a（5）：29－42．

［170］杜运苏，彭冬冬．制造业服务化与全球增加值贸易网络地位提升——基于 2000－2014 年世界投入产出表［J］．财贸经济，2018b，39（2）：102－117．

［171］樊纲，王小鲁，朱恒鹏．中国市场化指数——各地区市场化相对进程

［M］．北京：经济科学出版社，2011.

［172］樊秀峰，程文先．中国制造业出口附加值估算与影响机制分析［J］．中国工业经济，2015（6）：81－93.

［173］冯天丽，井润田．制度环境与私营企业家政治联系意愿的实证研究［J］．管理世界，2009（8）：81－91，123.

［174］高照军，武常岐．制度理论视角下的企业创新行为研究——基于国家高新区企业的实证分析［J］．科学学研究，2014，32（10）：1580－1592.

［175］顾乃华，毕斗斗，任旺兵．中国转型期生产性服务业发展与制造业竞争力关系研究——基于面板数据的实证分析［J］．中国工业经济，2006（9）：14－21.

［176］顾乃华，李江帆．中国服务业技术效率区域差异的实证分析［J］．经济研究，2006（1）：46－56.

［177］顾乃华，夏杰长．对外贸易与制造业投入服务化的经济效应——基于2007年投入产出表的实证研究［J］．社会科学研究，2010（5）：17－21.

［178］顾乃华．城市化与服务业发展：基于省市制度互动视角的研究［J］．世界经济，2011，34（1）：126－142.

［179］顾乃华．生产性服务业对工业获利能力的影响和渠道——基于城市面板数据和SFA模型的实证研究［J］．中国工业经济，2010（5）：48－58.

［180］郭跃进．论制造业的服务化经营趋势［J］．中国工业经济，1999（3）：64－67.

［181］洪银兴．论创新驱动经济发展［M］．南京：南京大学出版社，2013.

［182］侯欣裕，孙浦阳，杨光．服务业外资管制、定价策略与下游生产率［J］．世界经济，2018，41（9）：146－170.

［183］胡查平，汪涛，朱丽娅．制造业服务化绩效的生成逻辑——基于企业能力理论视角［J］．科研管理，2018，39（5）：129－137.

［184］胡超，张捷．制度环境与服务贸易比较优势的形成：基于跨国截面数据的实证研究［J］．南方经济，2011（2）：46－60.

［185］黄群慧，贺俊．"第三次工业革命"与"制造业服务化"背景下的

中国工业化进程 [J]．全球化，2013（1）：97－104，127．

[186] 黄群慧，霍景东．全球制造业服务化水平及其影响因素——基于国际投入产出数据的实证分析 [J]．经济管理，2014，36（1）：1－11．

[187] 黄群慧．以技术创新促制造业信息化服务化 [N]．文汇报，2017－01－23（008）．

[188] 简兆权，伍卓深．制造业服务化的路径选择研究——基于微笑曲线理论的观点 [J]．科学学与科学技术管理，2011，32（12）：137－143．

[189] 江波，李美云．生产服务业出口贸易、创新与生产率提升：理论与实证 [J]．财经研究，2012（7）：68－78．

[190] 江积海，沈艳．制造服务化中价值主张创新会影响企业绩效吗？——基于创业板上市公司的实证研究 [J]．科学学研究，2016，34（7）：1103－1110．

[191] 江静，刘志彪，于明超．生产者服务业发展与制造业效率提升：基于地区和行业面板数据的经验分析 [J]．世界经济，2007（8）：52－62．

[192] 江小涓．服务业增长：真实含义、多重影响和发展趋势 [J]．经济研究，2011（4）：4－14．

[193] 江小涓．中国经济发展进入新阶段：挑战与战略 [J]．经济研究，2004（10）：4－13．

[194] 姜铸，李宁．服务创新、制造业服务化对企业绩效的影响 [J]．科研管理，2015，36（5）：29－37．

[195] 姜铸，张永超，刘妍．制造企业组织柔性与企业绩效关系研究——以服务化程度为中介变量 [J]．科技进步与对策，2014，31（14）：80－84．

[196] 李海涛，李华山，田也壮．制造服务化对企业绩效的影响机制研究 [J]．哈尔滨工程大学学报，2013，34（7）：933－938．

[197] 李宏亮，谢建国．服务贸易开放提高了制造业企业加成率吗——基于制度环境视角的微观数据研究 [J]．国际贸易问题，2018（7）：28－40．

[198] 李后建．制度环境、寻租与企业创新 [D]．重庆：重庆大学，2014．

[199] 李江帆．产业结构高级化与第三产业现代化 [J]．中山大学学报（社会科学版），2005（4）：124－130，144．

[200] 李敬子，毛艳华，蔡敏容. 城市服务业对工业发展是否具有溢出效应？[J]. 财经研究，2015，41（12）：129-140.

[201] 李靖华，马丽亚，黄秋波. 我国制造企业"服务化困境"的实证分析 [J]. 科学学与科学技术管理，2015，36（6）：36-45.

[202] 李美云. 服务业的产业融合与发展 [M]. 北京：经济科学出版社，2007.

[203] 李善同，高传胜，薛澜. 中国生产者服务业发展与制造业升级[M]. 上海：上海三联书店，2008.

[204] 李胜旗，毛其淋. 制造业上游垄断与企业出口国内附加值——来自中国的经验证据 [J]. 中国工业经济，2017（3）：101-119.

[205] 李筱乐. 契约环境与服务业发展 [J]. 财经研究，2016，42（1）：134-144.

[206] 李艳，柳士昌. 全球价值链背景下外资开放与产业升级——一个基于准自然实验的经验研究 [J]. 中国软科学，2018（8）：165-174.

[207] 蔺雷，吴贵生. 我国制造企业服务增强差异化机制的实证研究[J]. 管理世界，2007（6）：103-113.

[208] 蔺雷，吴贵生. 制造业的服务增强研究：起源、现状与发展 [J]. 科研管理，2006（1）：91-99.

[209] 蔺雷，吴贵生. 制造业发展与服务创新——机理、模式与战略[M]. 北京：科学出版社，2008.

[210] 刘斌，王乃嘉. 制造业投入服务化与企业出口的二元边际——基于中国微观企业数据的经验研究 [J]. 中国工业经济，2016（9）：59-74.

[211] 刘斌，魏倩，吕越，祝坤福. 制造业服务化与价值链升级 [J]. 经济研究，2016，51（3）：151-162.

[212] 刘丹鹭. 服务业国际化条件下的创新与生产率——基于中国生产性服务企业数据的研究 [J] 南京大学学报（哲学·人文科学·社会科学版），2013，50（6）：40-51，155.

[213] 刘丹鹭. 进入管制与中国服务业生产率——基于行业面板的实证研究 [J]. 经济学家，2013（02）：84-92.

[214] 刘丹鹭. 中国服务业生产率及其影响因素研究 [D]. 南京：南京大学，2012.

[215] 刘继国，赵一婷. 制造业中间投入服务化趋势分析——基于 OECD 中 9 个国家的宏观实证 [J]. 经济与管理，2006（9）：9 - 12.

[216] 刘继国. 制造业服务化发展趋势研究 [M]. 北京：经济科学出版社，2009.

[217] 刘继国. 制造业企业投入服务化战略的影响因素及其绩效：理论框架与实证研究 [J]. 管理学报，2008（2）：237 - 242.

[218] 刘啟仁，黄建忠. 产品创新如何影响企业加成率 [J]. 世界经济，2016，39（11）：28 - 53.

[219] 刘维刚，倪红福. 制造业投入服务化与企业技术进步：效应及作用机制 [J]. 财贸经济，2018，39（8）：126 - 140.

[220] 刘维林. 中国式出口的价值创造之谜：基于全球价值链的解析 [J]. 世界经济，2015，38（3）：3 - 28.

[221] 刘奕，夏杰长，李垚. 生产性服务业集聚与制造业升级 [J]. 中国工业经济，2017（7）：24 - 42.

[222] 鲁晓东，连玉君. 中国工业企业全要素生产率估计：1999 - 2007 [J]. 经济学（季刊），2012（2）：541 - 558.

[223] 吕越，李小萌，吕云龙. 全球价值链中的制造业服务化与企业全要素生产率 [J]. 南开经济研究，2017（3）：88 - 110.

[224] 吕政，刘勇，王钦. 中国生产性服务业发展的战略选择——基于产业互动的研究视角 [J]. 中国工业经济，2006（8）：5 - 12.

[225] 罗党论，唐清泉. 中国民营上市公司制度环境与绩效问题研究 [J]. 经济研究，2009，44（2）：106 - 118.

[226] 毛其淋，盛斌. 贸易自由化与中国制造业企业出口行为："入世"是否促进了出口参与？[J]. 经济学（季刊），2014，13（2）：647 - 674.

[227] 毛其淋，盛斌. 中国制造业企业的进入退出与生产率动态演化 [J]. 经济研究，2013，48（4）：16 - 29.

[228] 倪鹏飞. 中国城市服务业发展：假设与验证 [J]. 财贸经济，2004

（7）：7 – 11.

［229］庞瑞芝，邓忠奇．服务业生产率真的低吗？［J］．经济研究，2014（12）：86 – 99.

［230］彭水军，袁凯华，韦韬．贸易增加值视角下中国制造业服务化转型的事实与解释［J］．数量经济技术经济研究，2017，34（9）：3 – 20.

［231］钱学锋，范冬梅，黄汉民．进口竞争与中国制造业企业的成本加成［J］．世界经济，2016，39（3）：71 – 94.

［232］钱学锋，王备．中间投入品进口、产品转换与企业要素禀赋结构升级［J］．经济研究，2017，52（1）：58 – 71.

［233］任曙明，张静．补贴、寻租成本与加成率——基于中国装备制造企业的实证研究［J］．管理世界，2013（10）：118 – 129.

［234］邵骏，张捷．中国服务业增长的制度因素分析——基于拓展索洛模型的跨地区、跨行业实证研究［J］．南开经济研究，2013（2）：132 – 152.

［235］盛丹，陆毅．出口贸易是否会提高劳动者工资的集体议价能力［J］．世界经济，2016，39（5）：122 – 145.

［236］盛丰．生产性服务业集聚与制造业升级：机制与经验——来自230个城市数据的空间计量分析［J］．产业经济研究，2014（2）：32 – 39，110.

［237］孙传旺，刘希颖，林静．碳强度约束下中国全要素生产率测算与收敛性研究［J］．金融研究，2010（6）：17 – 33.

［238］孙林岩，李刚，江志斌，等．21世纪的先进制造模式——服务型制造［J］．中国机械工程，2007（19）：2307 – 2312.

［239］孙浦阳，侯欣裕，盛斌．服务业开放、管理效率与企业出口［J］．经济研究，2018，53（7）：136 – 151.

［240］孙晓华，翟钰，秦川．生产性服务业带动了制造业发展吗？——基于动态两部门模型的再检验［J］．产业经济研究，2014（1）：23 – 30，80.

［241］唐保庆，黄繁华，杨继军．服务贸易出口、知识产权保护与经济增长［J］．经济学（季刊），2012，11（1）：155 – 180.

［242］唐宜红，张鹏杨．FDI、全球价值链嵌入与出口国内附加值［J］．统计研究，2017（4）：36 – 49.

[243] 涂红. 贸易开放、制度变迁与经济增长——基于不同国家规模和发展水平的比较分析［J］. 南开学报，2006（3）：45 - 53.

[244] 汪德华，张再金，白重恩. 政府规模、法治水平与服务业发展［J］. 经济研究，2007（6）：51 - 64，118.

[245] 汪颖博，陈嫒，徐小聪，等. 贸易自由化与多产品企业出口行为：以加入 CAFTA 为准自然实验［J］. 宏观经济研究，2017（2）：63 - 76.

[246] 王恕立，胡宗彪. 中国服务业分行业生产率变迁及异质性考察［J］. 经济研究，2012（4）：15 - 27.

[247] 王恕立，刘军. 中国服务企业生产率异质性与资源再配置效应——与制造业企业相同吗？［J］. 数量经济技术经济研究，2014，31（5）：37 - 53.

[248] 王恕立，滕泽伟，刘军. 中国服务业生产率变动的差异分析——基于区域及行业视角［J］. 经济研究，2015，50（8）：73 - 84.

[249] 王小波，李婧雯. 中国制造业服务化水平及影响因素分析［J］. 湘潭大学学报（哲学社会科学版），2016，40（5）：53 - 60.

[250] 王永进，盛丹，施炳展，等. 基础设施如何提升了出口技术复杂度？［J］. 经济研究，2010，45（7）：103 - 115.

[251] 魏江，陶颜，王琳. 知识密集型服务业的概念与分类研究［J］. 中国软科学，2007（1）：33 - 41.

[252] 魏作磊，李丹芝. 中国制造业服务化的发展特点——基于中美日德英法的投入产出分析［J］. 工业技术经济，2012，31（7）：24 - 28.

[253] 温忠麟，张雷，侯杰泰. 有中介的调节变量和有调节的中介变量［J］. 心理学报，2006（3）：448 - 452.

[254] 吴敬琏. 促进制造业的"服务化"［J］. 中国制造业信息化，2008（22）：16.

[255] 吴先明. 制度环境与我国企业海外投资进入模式［J］. 经济管理，2011，33（4）：68 - 79.

[256] 吴延兵. R&D 存量、知识函数与生产效率［J］. 经济学（季刊），2006（3）：1129 - 1156.

[257] 吴延兵. 国有企业双重效率损失研究［J］. 经济研究，2012，47

（3）：15 - 27.

［258］吴永亮，王恕立．增加值视角下的中国制造业服务化再测算：兼论参与 GVC 的影响［J］．世界经济研究，2018（11）：99 - 115，134，137.

［259］武力超，张馨月，侯欣裕．生产性服务业自由化对微观企业出口的机制研究与实证考察［J］．财贸经济，2016（4）：101 - 115.

［260］夏杰长．服务业生产率与服务业发展研究评介［J］．财贸经济，2014（2）：137.

［261］夏杰长．坚持现代服务业和先进制造业并举［N］．人民日报，2015 - 05 - 21（007）.

［262］肖挺，聂群华，刘华．制造业服务化对企业绩效的影响研究——基于我国制造企业的经验证据［J］．科学学与科学技术管理，2014，35（4）：154 - 162.

［263］肖挺．"服务化"能否为中国制造业带来绩效红利［J］．财贸经济，2018，39（3）：138 - 153.

［264］徐现祥，周吉梅，舒元．中国省区三次产业资本存量估计［J］．统计研究，2007（5）：6 - 13.

［265］徐振鑫，莫长炜，陈其林．制造业服务化：我国制造业升级的一个现实性选择［J］．经济学家，2016（9）：59 - 67.

［266］许和连，成丽红，孙天阳．制造业投入服务化对企业出口国内增加值的提升效应——基于中国制造业微观企业的经验研究［J］．中国工业经济，2017（10）：62 - 80.

［267］宣烨，余泳泽．生产性服务业集聚对制造业企业全要素生产率提升研究——来自 230 个城市微观企业的证据［J］．数量经济技术经济研究，2017，34（2）：89 - 104.

［268］宣烨．生产性服务业空间集聚与制造业效率提升——基于空间外溢效应的实证研究［J］．财贸经济，2012（4）：121 - 128.

［269］薛立敏等．生产性服务业与制造业互动之研究［M］．台北：台湾中华经济研究院，1993.

［270］杨玲．生产性服务进口贸易促进制造业服务化效应研究［J］．数量经济技术经济研究，2015，32（5）：37 - 53.

[271] 杨勇. 中国服务业全要素生产率再测算 [J]. 世界经济, 2008 (10)：46-55.

[272] 杨志远, 谭文君. 技术进步、贸易波动与服务业增长 [J]. 财贸经济, 2014 (2)：125-136.

[273] 叶宁华, 包群, 邵敏. 空间集聚、市场拥挤与我国出口企业的过度扩张 [J]. 管理世界, 2014 (1)：58-72.

[274] 易靖韬, 傅佳莎, 蒙双. 多产品出口企业、产品转换与资源配置 [J]. 财贸经济, 2017, 38 (10)：131-145.

[275] 余淼杰. 加工贸易与中国企业生产率：企业一致性理论和实证研究 [M]. 北京：北京大学出版社, 2013.

[276] 余淼杰. 中国的贸易自由化与制造业企业生产率 [J]. 经济研究, 2010, 45 (12)：97-110.

[277] 张斌, 王雅琦, 邹静娴. 从贸易数据透视中国制造业升级 [J]. 国际经济评论, 2017 (3)：13-27, 4.

[278] 张浩然. 生产性服务业集聚与城市经济绩效——基于行业和地区异质性视角的分析 [J]. 财经研究, 2015, 41 (5)：67-77.

[279] 张辉. 制造企业服务导向战略研究：战略的制定与执行视角 [D]. 上海：复旦大学, 2012.

[280] 张杰, 陈志远, 刘元春. 中国出口国内附加值的测算与变化机制 [J]. 经济研究, 2013, 48 (10)：124-137.

[281] 张杰, 李勇, 刘志彪. 出口促进中国企业生产率提高吗? ——来自中国本土制造业企业的经验证据：1999~2003 [J]. 管理世界, 2009 (12)：11-26.

[282] 张杰. 金融抑制、融资约束与出口产品质量 [J]. 金融研究, 2015 (6)：64-79.

[283] 张文红, 张骁, 翁智明. 制造企业如何获得服务创新的知识? ——服务中介机构的作用 [J]. 管理世界, 2010 (10)：122-134.

[284] 张祥建, 徐晋, 徐龙炳. 高管精英治理模式能够提升企业绩效吗? ——基于社会连带关系调节效应的研究 [J]. 经济研究, 2015, 50 (3)：

100 - 114.

［285］张艳，唐宜红，周默涵．服务贸易自由化是否提高了制造业企业生产效率［J］．世界经济，2013，36（11）：51 - 71.

［286］赵靓，吴梅．我国生产性服务业对出口产品竞争优势的影响研究［J］．数量经济技术经济研究，2016，33（3）：112 - 127.

［287］郑凯捷．中国服务业发展的中间需求因素分析——中间需求表现及工业产业分工发展的影响［J］．山西财经大学学报，2008（2）：47 - 55.

［288］周大鹏．制造业服务化研究——成因、机理与效应［D］．上海：上海社会科学院，2010.

［289］周建，方刚，刘小元．制度环境、公司治理对企业竞争优势的影响研究——基于中国上市公司的经验证据［J］．南开管理评论，2009，12（5）：18 - 27.

［290］周念利，郝治军，吕云龙．制造业中间投入服务化水平与企业全要素生产率——基于中国微观数据的经验研究［J］．亚太经济，2017（1）：138 - 146，176.

［291］周念利，魏倩，沈铭辉．服务业市场竞争与中国制造业企业全要素生产率［J］．财经研究，2015，41（11）：133 - 144.

［292］周念利．中国服务业改革对制造业微观生产效率的影响测度及异质性考察——基于服务中间投入的视角［J］．金融研究，2014（9）：84 - 98.

［293］周艳春．制造企业服务化战略实施及其对绩效的影响研究［D］．西安：西北大学，2010.

［294］周振华．服务经济发展与制度环境［M］．上海：格致出版社，2011.

［295］诸竹君，黄先海，宋学印，等．劳动力成本上升、倒逼式创新与中国企业加成率动态［J］．世界经济，2017，40（8）：53 - 77.

［296］诸竹君，黄先海，余骁．金融业开放与中国制造业竞争力提升［J］．数量经济技术经济研究，2018，35（3）：114 - 131.

［297］祝瑞，林卡，武勉，张娇，等．制造企业服务化与经营绩效——基于企业异质性因素的实证检验［J］．经营与管理，2014（2）：119 - 120.

后 记

　　制造业作为实体经济的基础和重要组成部分,是驱动经济发展的重要引擎,其快速增长是提升综合国力、保障就业民生的前提和关键。然而,新冠肺炎疫情全球大流行使世界百年未有之大变局加速演进,国内外环境正在发生深刻复杂的变化,在我国加快形成以国内大循环为主体、国内国际双循环相互促进的新发展格局背景下,对制造业高质量发展提出了新的要求。党的十九届五中全会通过的《中共中央关于制定国民经济和社会发展第十四个五年规划和二〇三五年远景目标的建议》明确提出"推动现代服务业同先进制造业、现代农业深度融合"。随着新一轮信息产业发展和全球制造业逐渐由单一生产型向"生产 + 服务"型转变,促进制造业与服务业相融共生、协同发展,成为推动制造业高质量发展的必然选择。

　　本书为作者近几年来致力于服务经济与贸易、制造业服务化、服务业价值链等相关领域的阶段性研究成果。书中多数内容先后在第十六届、第十七届中国经济学年会等相关学术会议上进行宣读并交流,得到了与会专家的肯定与修改建议,在此表示诚挚的敬意和感谢。

　　囿于数据、资料和知识结构等方面的局限,本书不可避免地存在不足之处并亟待进一步完善:如现有研究对服务中间投入与企业绩效的研究视角相对局限,缺乏对市场结构、供应链网络的探讨;缺乏对企业创新模式、创新质量的研究;以及对企业绿色发展的影响研究等。此外,由于服务业相对其他行业在统计和数据方面的不足,本书所选取的服务业微观企业样本量相对较少,导致一些指标(如服务业企业 TFP 测算过程中使用的指标)在不同年限的衡量方法不一致,诸如此类的因素，都将不可避免地在一定程度上影响最终的分析结果。

本书即将出版之际，感谢首都经济贸易大学经济学院提供的出版资助，感谢经济管理出版社与编辑谢妙老师在出版过程中的支持与帮助。由于能力有限，本书难免存在不足和纰漏，希望学术界专家和读者提出宝贵意见，帮助完善本书的研究工作。

成丽红

2021 年 6 月